# L'ESSENTIEL DE LA PNL

Laurent Bertrel

15 techniques
pour mieux communiquer

jouvence
EDITIONS

**Du même auteur aux Éditions Jouvence**

*Coachez votre créativité*

*Auto-coaching au quotidien*

**Dans la même collection aux Éditions Jouvence**

*12 outils pour capter l'attention des enfants*, Marie Poulhalec
*L'empathie, un chemin vers la bienveillance*,
Xavier Cornette de Saint Cyr
*Découvrir et accueillir sa part d'ombre*, Mireille Rosselet-Capt
*L'art de questionner*, Patrice Ras
*Méditer en tout lieu, à tout moment*, Cindy Chapelle
*Se libérer de nos démons*, Cécile Kapfer
*La Slow Life en pleine conscience*, Cindy Chapelle
*Auto-empathie*, Philippe Beck

**Catalogue Jouvence gratuit sur simple demande**

ÉDITIONS JOUVENCE

France : BP 90107 – 74161 Saint-Julien-en-Genevois Cedex
Suisse : Route de Florissant, 97 – 1206 Genève
Site Internet : **www.editions-jouvence.com**
E-mail : info@editions-jouvence.com


ISBN : 978-2-88911-947-9

*Couverture :* Éditions Jouvence
*Dessin de couverture :* Jean Augagneur
*Schémas:* Laurent Bertrel – Éditions Be your dream
*Mise en pages :* atelier Weidmann

# Sommaire

*Entre Ce que je pense, Ce que je veux dire, Ce que je crois dire, Ce que je dis, Ce que vous avez envie d'entendre, Ce que vous entendez, Ce que vous comprenez... il y a dix possibilités qu'on ait des difficultés à communiquer. Mais essayons quand même...*

Bernard Werber, écrivain français

# Remerciements

Du fond du cœur, je tiens à remercier une fois encore l'ensemble de l'équipe pédagogique et d'accueil de l'IFPNL de Paris où je me suis formé (et en particulier Josiane de Saint Paul et Hélène Blanchard) ainsi que tous mes pairs et PR* (qui se sont formés en même temps que moi) pour tous les bons moments bienveillants que j'ai passé en leur si agréable compagnie.

Du fond du cœur, je tiens à remercier ceux qui me soutiennent et en particulier, le « big boss », Lilo, Alex et petite mère.

* PR: Personne ressource, en formation pour devenir maître praticien PNL, qui guide le débutant dans son apprentissage et assiste l'enseignant PNL.

# Avant-propos

Ce livre est avant tout un guide pratique et de la même manière que vous avez appris à vous déplacer ou à vous exprimer, vous pouvez aussi apprendre à mieux communiquer. Communiquer c'est donner un cadeau (parfois empoisonné) sans emballage. Bien communiquer, c'est offrir un cadeau en prenant soin autant du contenu que de l'emballage, de la manière de l'offrir et de l'effet qu'il procure. Découvrons ensemble la joie d'offrir...

Il existe en PNL un grand nombre de techniques et cet ouvrage vous présente celles qui favorisent l'optimisation de votre communication interpersonnelle. Imprégnez-vous tout d'abord de la philosophie, puis suivez à votre rythme, pas à pas les 15 recettes que nous vous proposons afin d'accéder à cette méthode qui va révolutionner votre vie...

Testez, expérimentez et voyez combien l'épanouissement est communicatif.

**Important**

Afin de rendre cet ouvrage encore plus efficace, nous vous recommandons de découvrir puis de ne pratiquer qu'une technique à la fois (les unes après les autres et, idéalement, dans l'ordre chronologique). Par exemple, une technique par jour pendant quinze jours ou bien une tous les deux jours pendant un mois. À vous de définir votre programme dès maintenant en évitant de lire ce livre d'une traite sans pratiquer une seule technique.

D'autre part, nous vous invitons également à effectuer une évaluation de votre niveau de maîtrise après chaque pratique. Pour ce faire, nous vous conseillons vivement d'utiliser la méthode présentée pages suivantes (fiche d'auto-évaluation et fiche d'évaluation).

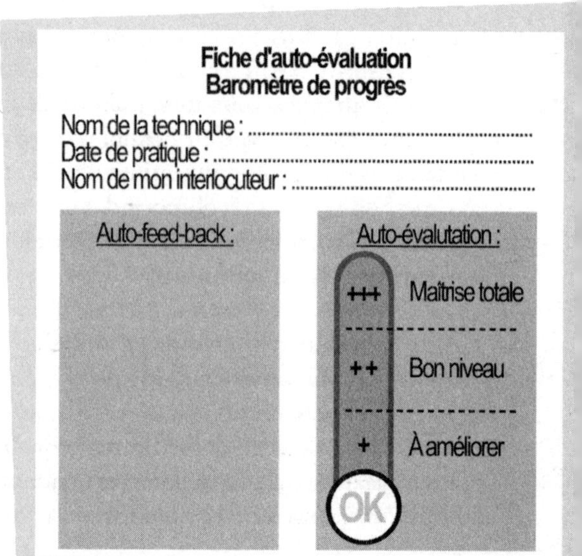

# Apprentissage et progression

Voici comment vous aider à progresser à votre rythme tout au long de votre apprentissage.

Astuce

Après avoir découvert une technique, vous devez la pratiquer puis évaluer votre niveau de maîtrise. Si vous pratiquez seul, veuillez consulter le paragraphe « Auto-évaluation » ci-après. Et si vous pratiquez avec l'aide d'un « cobaye » (un ami complice, par exemple), veuillez vous reporter au paragraphe « Évaluation ».

## Auto-évaluation

Pour réaliser une auto-évaluation, nous vous invitons à utiliser la fiche ci-contre.

Ainsi, juste après la mise en pratique d'une technique (du moins le plus tôt possible), il vous suffit d'utiliser cet outil en quelques minutes[1] seulement en :

- notant le nom de la technique, la date du jour et le nom de votre interlocuteur ;
- indiquant votre auto feed-back[2], vos impressions (les effets produits sur vous et sur votre interlocuteur, l'opinion que vous vous faites de cette technique, vos sensations, vos points forts et vos points les moins forts...) ;
- auto-évaluant votre degré de maîtrise (maîtrise totale, bon niveau, à améliorer) en entourant d'un rond l'un des symboles suivants : +++, ++ ou +.

Si le niveau de maîtrise est total, vous pouvez écrire OK dans le rond prévu à cet effet et passer à la technique suivante.

Si le niveau de maîtrise n'est pas encore total, nous vous conseillons :

- de relire le chapitre de présentation de la technique dès demain ;
- de pratiquer à nouveau la technique au plus tard dans une semaine ;
- d'évaluer à nouveau cette pratique en utilisant une nouvelle fiche.

Vous pourrez ensuite comparer vos deux fiches, afin de mesurer votre niveau de progression (baromètre de progression). Et ceci jusqu'à obtenir une maîtrise totale de la technique.

## Évaluation

Pour réaliser une évaluation, nous vous invitons à utiliser la fiche ci-contre.

Ainsi, comme pour l'auto-évaluation, il vous suffit d'utiliser cet outil juste après la pratique en :

- notant le nom de la technique, la date du jour et le nom de votre interlocuteur ;
- indiquant votre auto feed-back ;
- auto-évaluant votre niveau de maîtrise comme indiqué précédemment.

Si le niveau de maîtrise est total, vous pouvez écrire OK dans le rond prévu à cet effet. Puis, vous devez plier la feuille en deux à l'endroit indiqué

## Fiche d'évaluation
## Baromètre de progrès

Nom de la technique : ................................................................
Date de pratique : ......................................................................
Nom de mon interlocuteur : ........................................................

| MOI | | L'AUTRE |
| --- | --- | --- |
| 1/ Auto-feed-back | Document à plier ici | 3/ Son feed-back |
| 2/ Auto-évaluation | | 4/ Son évaluation |
| +++ | Maîtrise totale | +++ |
| ++ | Bon niveau | ++ |
| + | À améliorer | + |
| OK | | OK |

*(- - - - Document à plier ici - - - -)* et donner à votre ami complice le temps nécessaire[3] pour rédiger son feed-back et son évaluation. Bien entendu, s'il juge que le niveau de maîtrise est total, il doit écrire OK dans le rond prévu à cet effet. Vous pouvez ensuite déplier ce document pour comparer les résultats en sachant vous féliciter de vos points forts et en notant vos pistes d'améliorations.

Si deux « OK » apparaissent, bravo, vous pouvez passer à la technique suivante.

Avec un seul « OK », le niveau de maîtrise n'est pas encore total et nous vous conseillons :

- de relire le chapitre de présentation de la technique dès demain[4] ;
- de pratiquer à nouveau la technique au plus tard dans une semaine ;
- d'évaluer à nouveau cette pratique en utilisant une nouvelle fiche.

Vous pourrez ensuite comparer vos deux fiches, afin de mesurer votre niveau de progression (baromètre de progression).

Et ceci jusqu'à obtenir une maîtrise totale de la technique.

Amusez-vous bien…

# La Programmation neurolinguistique (ou PNL)

Savoir

## Que veulent dire les termes *Programmation* et *neurolinguistique* ?

**Programmation.** Ce terme indique que ce sont nos programmations inconscientes, nos façons de penser, nos processus mentaux inscrits dans notre neurologie (et que nous construisons au cours de l'existence), qui conditionnent nos comportements.

**Neurolinguistique.** Ce terme indique la relation interactive entre le langage et le système neurologique : *neuro*, pour le système nerveux central qui permet d'enregistrer et de structurer l'ensemble des perceptions que nous captons grâce à nos cinq sens (la vue, l'ouïe, le toucher, l'odorat, le goût) ; *linguistique*, pour les aspects verbaux comportementaux de la communication.

## À quoi sert la PNL ?

Brièvement, la PNL est une méthode qui permet d'agir sur les comportements au moyen du langage afin de développer certains potentiels comme, par exemple, optimiser son sens de la communication. Elle est utilisée au quotidien partout dans le monde, dans différents domaines (management, apprentissage, psychothérapie, coaching, développement personnel...) et différents secteurs (entreprise, sport, milieu social et éducatif...).

Ce n'est, bien entendu, pas uniquement une méthode professionnelle et elle trouve parfaitement sa place dans le domaine très personnel de la vie privée (harmonie du couple et de la famille, rapport parent – enfant, communication interpersonnelle...).

## D'où vient la PNL ?

Elle a été créée aux États-Unis dans les années 1970 par John Grinder et Richard Bandler qui étudient notamment le travail d'experts reconnus pour la qualité des résultats qu'ils obtenaient (Milton Erickson, Friedrich Perls, Virginia Satir...). Ils identifient leurs stratégies de réussite et créent des techniques pour décoder ces savoir-faire hautement performants. Ils ont ainsi mis au point une série de modèles pour transférer, en nous-mêmes et chez les autres, ces différents savoir-faire.

L'un des postulats de base le plus important est que chacun de nous possède les ressources nécessaires pour évoluer ou atteindre des objectifs (résoudre des problèmes, apprendre à mieux communiquer...). Le but ultime de la PNL est de permettre à chacun de s'épanouir et de se réaliser, dans sa vie professionnelle et personnelle, dans le respect de soi-même et d'autrui.

BIOGRAPHIES

**Grinder John** (1940, USA). Docteur en psychologie et en linguistique.

**Bandler Richard** (1949, USA). Docteur en psychologie et en linguistique, mathématicien et informaticien.

**Erickson Milton** (1901-1980) : médecin psychiatre et psychothérapeute père de l'Hypnose nouvelle.

**Perls Friedrich** (1893-1970) : médecin spécialiste en neuropsychiatrie, psychanalyste, père de la Gestalt-thérapie.

**Satir Virginia** (1916-1988) : assistante sociale, puis psychothérapeute, à l'origine de la Psychothérapie familiale d'orientation.

# La philosophie de la PNL

Savoir

Avant de découvrir les techniques présentées dans cet ouvrage, nous vous invitons à vous imprégner des principes suivants, car ils conditionnent la bonne utilisation de la PNL et décuplent son efficacité.

Alors à vos marques. Prêts ? Lisez !

## Votre vision du monde n'est pas le monde !

En utilisant la PNL vous devez toujours observer les faits selon plusieurs points de vue, car même si vous pensez détenir la vérité, votre manière de voir le monde n'est pas le monde. Il ne faut donc pas chercher à le changer, mais plutôt à changer votre regard sur lui. Ainsi, si ce que vous avez ne vous convient pas, changez et renoncez à l'illusion de vouloir changer les autres.

## Modèle du monde[5] et croyances

Il semble bien que certaines croyances soient plus aidantes que d'autres. C'est voir le verre à moitié plein ou à moitié vide. C'est se voir à 40 ans en pleine force de l'âge ou bien trop vieux. C'est voir la vie en rose ou tout en noir.

Le modèle du monde en rose n'est pas plus vrai que le modèle du monde en noir. Il est simplement différent et peut-être plus aidant par moments (l'optimiste sourit à la vie) et plus limitant à d'autres moments (car tout voir uniquement en rose a peut-être ses limites et ses inconvénients...).

À ce propos, j'ai entendu il y a quelque temps une histoire[6] et elle disait à peu prêt ceci : Un homme d'affaires du secteur de la chaussure envoie l'un de ses représentants dans un pays dit en voie de développement pour y réaliser une étude de marché. Après quelques jours, celui-ci adresse le télégramme suivant: « Tout le monde ici marche pieds nus – aucun débouché possible dans notre secteur – je rentre ». L'homme d'affaires qui se dit que deux avis valent mieux qu'un, envoie un second représentant et la réponse est tout autre: « Tout le monde ici marche pieds nus – débouchés immenses – je reste et je développe ».

Ainsi, il semble bien que ce soit votre représentation du monde qui crée vos limites et pas le monde qui vous limite.

La bonne nouvelle, c'est que la signification que vous donnez aux choses n'est pas fixe car elle change avec les expériences. Par exemple, si lorsque nous avons appris à marcher nous avions gardé intacte la signification: **marcher = tomber**, nous serions peut-être aujourd'hui des êtres rampants. Alors que grâce à l'expérience (et à l'imitation/stimulation de nos modèles: parents...), nous avons repoussé nos limites et, en acceptant de chuter, nous avons accepté de changer. En acceptant de nous tromper et de perdre l'équilibre, nous avons réussi à marcher et même à courir.

## L'échec n'existe pas !

La chute est souvent perçue comme un échec. Il suffit de regarder l'air un peu honteux de celui qui vient de tomber devant nous pour se le confirmer. Mais cela dépend du contexte. En aïkido par exemple (art martial japonais créé par Morihei Ueshiba) chuter est primordial. Un pratiquant débutant commence par apprendre à chuter plutôt qu'à attaquer, car s'il sait chuter, il préserve sa santé (mal chuter pourrait abîmer ou détruire son corps) et il pourra se relever facilement pour repartir au combat ou prendre la fuite (courage, fuyons). Ainsi après une chute, même violente, il est possible de se relever. Où est l'échec?

Si un pratiquant chute, c'est qu'un autre l'a fait tomber. Il semble donc que celui qui est debout a gagné et celui qui est au sol a perdu. Mais est-ce la réalité ou simplement une vision possible de la réalité ? Car même si l'un a gagné (le droit de recommencer), l'autre n'a rien perdu puisqu'il sait que la chute est une solution pour échapper à une attaque et ainsi sauver son intégrité physique. Celui qui a chuté pour se sauver a donc aussi gagné… et a, en plus, permis à son partenaire (et non pas adversaire) de réaliser sa technique, donc d'apprendre et de progresser. Chuter est donc une étape sur le chemin de la réussite.

Nous ne sommes pas dans une vision limitante d'une situation gagnant/perdant, mais dans une vision constructive gagnant/gagnant. La victoire juste est celle qui ne fait pas de perdant. Cet état d'esprit en communication est, comme la chute en aïkido, primordial.

Considérez votre interlocuteur au même niveau que vous. Ne lui donnez pas l'impression que vous le dominez, que vous allez gagner et lui perdre, car vous risquez de détériorer la relation.

D'autant plus que souvent les rôles changent. Pour reprendre l'exemple des pratiquants d'aïkido, après être tombé c'est à vous de faire chuter votre partenaire pour lui permettre de vous faire progresser. Ainsi, idéalement et dans la mesure du possible, il est préférable d'évoluer dans un cadre de coopération (je progresse, tu progresses, nous progressons) plutôt que dans un cadre de compétition (je gagne, tu perds).

Évitez l'affrontement, car la communication est comme la vie. Elle n'est un combat que pour celui qui la voit comme un combat. Si vous tenez vraiment à conserver cette vision des choses, peut-être pouvez-vous envisager la communication comme un combat de boxe avec des règles et du respect mutuel plus que comme un combat de rue où tous les coups sont permis. Recherchez toujours à coopérer à la manière des joueurs de rugby qui, solidaires et unis, sont forts dans la mêlée.

Nous comprenons donc que l'échec n'existe pas, car ce n'est que du feed-back, soit une occasion d'apprendre. Et si vous hésitez encore à accepter ce postulat, souvenez-vous de la petite brûlure qui vous a fait découvrir que le feu est joli dans une cheminée, mais peut aussi être dangereux à manipuler. Rappelez-vous cette petite coupure qui vous a donné l'occasion d'apprendre que le couteau est utile pour couper le pain, mais peut aussi être dangereux à manipuler.

## Communication et manipulation

La communication étant souvent jugée comme manipulatrice, apprendre à mieux communiquer est fréquemment interprété comme apprendre à mieux manipuler.

Eh bien oui, la communication est manipulatrice ! Mais encore faut-il faire la différence entre la manipulation de votre boulangère qui vous fait un joli sourire pour que vous reveniez demain lui acheter du pain et la manipulation perverse d'un leader de mouvement sectaire.

Il en est de même pour les outils qui permettent de mieux communiquer (comme la PNL). Oui, puisqu'ils sont efficaces, ils peuvent être dangereux mais encore faut-il faire la différence entre l'outil et celui qui l'utilise. Car un banal tournevis est normalement fait pour visser une vis et pas pour transpercer le ventre de son voisin. Qui est coupable ? L'outil ou l'utilisateur ? Le tournevis ou l'agresseur ?

Quoi qu'il en soit, si vous souhaitez vous perfectionner en PNL (ou apprendre d'autres outils), soyez prudent et ne confiez pas votre formation au premier venu. Aussi, si vous avez le moindre doute, il est préférable de vous renseigner en contactant la Miviludes, c'est-à-dire la Mission interministérielle de la vigilance et de la lutte contre les dérives sectaires :

66, rue de Bellechasse<br>
F-75007 Paris<br>
Tél. +33 (0)1 42 75 76 08<br>
Site : www.miviludes.gouv.fr

## Votre modèle du monde est unique

Autre postulat important, de la même manière que nous sommes tous uniques, tous les modèles du monde sont uniques.

Et pour vous le prouver, posez-vous la question suivante : « À quelle vitesse j'estime que je roule vite ? » 100 km/heure ? 130 ? 150 ? 200 ? 250 ? Puis posez la question à d'autres personnes autour de vous. Vous verrez que les réponses, d'un individu à un autre, d'un modèle du monde à un autre, peuvent être totalement différentes, car chacun de nous est unique. C'est évident, l'évidence n'existe pas…

Chacun a donc une vision du monde différente. Et cette différence est sans aucun doute la source de quantité d'incompréhensions engendrant des problèmes de communication qui risquent de faire dégénérer une relation. Vous voulez un exemple ? Relisez l'histoire de l'humanité et vous en trouverez quantité…

Ainsi, puisque nous regardons tous la vie avec des lunettes différentes, il est intéressant, pour comprendre l'autre, de le rejoindre là où il se trouve. Faites cet effort le premier. Faites comme le pratiquant d'aïkido qui accepte de chuter pour permettre à son partenaire de progresser. Ne restez pas « con centré » (si, si… en deux mots) sur votre sujet les deux pieds bien ancrés dans vos certitudes mais apportez du génie pour mettre l'autre en position d'en donner. Vous pouvez, sans avoir à accepter son modèle du monde, essayer quelques instants de le comprendre en regardant dans la même direction que lui. En se mettant sincèrement et sans jugement à sa place, vous permettez à deux mondes différents d'essayer de se comprendre. Et en montrant ainsi votre bonne volonté, vous mettez l'autre en position d'en faire autant. Alors qu'en montrant les crocs, vous mettez l'autre en position de se défendre tout en lui donnant la possibilité d'affûter son argumentaire pour renforcer sa position et, même, de trouver de nouvelles idées pour encore mieux se persuader lui-même qu'il a raison...

En d'autres termes, en lui jetant des pierres non seulement vous lui donnez des munitions pour riposter, mais surtout vous lui fournissez la matière première pour construire des remparts derrière lesquels il s'isolera.

## Comment plutôt que pourquoi

Vous l'avez compris, l'important n'est pas de comprendre pourquoi l'autre pense différemment, mais de savoir comment faire pour communiquer avec lui. Encore une fois, ne cherchez pas à le convaincre qu'il a tort de penser ainsi et donc que vous avez raison, car nous ne sommes plus dans une relation gagnant/gagnant.

Ne résistez pas à la résistance en essayant d'enfoncer les portes car la communication n'est absolument pas l'art de convaincre mais celui de se relier aux autres. Ce n'est pas l'art d'enfoncer les portes (souvent ouvertes), mais celui d'ouvrir les portes de la relation (qui très souvent ne demandent que cela).

En cherchant à convaincre l'autre sachez qu'il y aura toujours un con et un vaincu (convaincu). Ne résistez jamais à la résistance et si vous n'entrez pas par la porte, essayez par la fenêtre. De la douceur et du tact plutôt que de la violence dans les actes. Une attitude de confiance et de respect permet d'établir et de maintenir une relation constructive.

Cela éviterait sans aucun doute bien des conflits[7]. Par exemple, qu'est-ce que le racisme ? La haine de la différence. Pourtant que fait le militant « antiracisme » qui montre haineusement au « raciste » qu'il déteste les gens comme lui, les gens haineux ? Il me semble que s'il faut haïr, haïssons la haine mais pas le haineux.

*Si tu diffères de moi, mon frère, loin de me léser, tu m'enrichis.*

Antoine de Saint-Exupéry, aviateur et écrivain français

## Vos ressources sont en vous !

Vous avez tous déjà vécu ce type d'expérience où la personne que vous avez devant vous vous attire et vous séduit ou bien vous inspire de la répulsion.

Eh bien, sachez que ce que vous aimez chez l'autre, c'est vous. Et ce que vous détestez chez l'autre, c'est aussi vous. L'autre ne serait, en fait, que votre propre reflet dans un miroir. En le montrant du doigt avec votre index comme pour désigner un coupable, trois de vos doigts (le majeur, l'annulaire et l'auriculaire) pointent dans votre direction, comme pour vous signifier votre part de responsabilité.

Ceci est, en fait, une bonne nouvelle, car personne, mieux que vous, ne peut prendre la décision de changer et de réussir ce pari.

Plus facile à dire qu'à faire pensez-vous ?

Oui, peut-être... Mais vous possédez en vous, comme nous tous, les ressources nécessaires pour évoluer, atteindre vos objectifs et résoudre vos problèmes. Ces ressources sont parfois disponibles dès maintenant (si vous les utilisez régulièrement) et parfois il faut aller les chercher en vous, juste en dessous des nombreux conditionnements[8] de votre éducation. Mais elles sont là, disponibles et attendent juste d'être utilisées. Et même si vous ne disposez pas encore de la ressource dont vous avez besoin, vous possédez la capacité à l'acquérir et à la développer.

Libre à vous de dépoussiérer vos vieilles croyances limitantes (comme celles qui vous empêchent d'aller à la rencontre d'un autre modèle du monde), car vous êtes le seul maître à bord, même si vous avez parfois besoin de l'aide d'un équipage.

## L'intention positive

Pour en revenir aux « frères ennemis » (raciste et antiraciste), notons que l'un comme l'autre agit avec une intention positive pour eux, car tout comportement manifesté a une fonction positive. Nous pouvons, par exemple, envisager que la fonction positive d'une personne qui en agresse une autre est sa manière de lui faire comprendre qu'il ne s'est pas senti respecté et que l'une de ses croyances a été malmenée ou carrément violée. Il agit donc ainsi pour obtenir ce qu'il veut, réparation.

Cela ne veut pas dire qu'il faut accepter le comportement. Il faut juste essayer de le comprendre pour en découvrir la véritable raison. Vous pouvez, par exemple, voir l'ampoule dans le creux de votre main ou la crampe dans votre jambe comme des ennemis douloureux ou bien voir la fonction positive de ces phénomènes qui indiquent que votre intégrité physique est en danger.

Encore une fois, c'est vous qui donnez du sens aux messages que vous recevez et c'est votre interlocuteur qui en donne à ceux que vous émettez.

## Vous ne pouvez pas ne pas communiquer !

La signification du mot soleil par exemple, est sans doute beaucoup plus agréable pour celui qui revient de vacances avec un joli bronzage et de beaux souvenirs, que pour celui qui revient aussi de vacances, mais brûlé par le soleil au troisième degré. La signification ne se trouve donc pas dans les mots, mais à l'intérieur des gens car c'est l'expérience de chacun qui donne la signification (soleil = joli bronzage et plaisir ou brûlure au troisième degré et souffrance).

Les mots et le langage sont des véhicules qui permettent de faire passer un message, mais ne sont pas la communication.

Tout est message et, quel que soit le nombre de masques que vous portez, vous ne pouvez pas ne pas communiquer. Quoi que vous fassiez, vous envoyez un message. Par votre présence et même par votre absence et vos silences, consciemment et inconsciemment, vous communiquez. D'ailleurs, une grande partie de ce que vous communiquez est inconscient et non verbal.

À ce propos, il existe trois niveaux de communication :

- **verbal** (les mots, la structure du discours) ;
- **paraverbal** (la voix, le volume et le timbre, le débit et le rythme) ;
- **non verbal** (la posture, le geste, la mimique, la respiration).

Et le non verbal semble bien être, d'après certains auteurs, très important dans la compréhension du message :

- le **sens des mots** compte pour 7 % ;
- l'**intonation** pour 38 % ;
- la **gestuelle** pour 55 %.

Vous comprenez donc que vous donnez et percevez bien plus d'informations que vous ne le pensez.

Ainsi, plus vous observez votre interlocuteur et plus vous obtenez d'informations. Et cette observation est indispensable, car elle vous aide à vérifier la bonne compréhension du message. Vous avez donc tout intérêt à observer et à poser des questions (voir technique ci-après), car il est de votre responsabilité de vous faire comprendre. Et si vous avez l'impression que vous n'êtes pas compris, vous devez modifier votre message pour le rendre efficace puisque le sens d'une communication se trouve dans l'effet qu'elle produit.

# La relation

## Se positionner dans la relation

Savoir

Il est possible de se positionner de plusieurs manières en fonction du contexte, de l'objectif et, bien entendu, de votre personnalité. Il n'y a pas de bonne ou de mauvaise position, mais il y a simplement des avantages et des inconvénients.

***Qu'est-ce que la position haute ? Qu'est-ce que la position basse ?***

La position haute est souvent prise pour favoriser l'action[9] et la structurer[10]. Son principal inconvénient est sa rigidité qui peut permettre l'émergence d'une forme d'autocratie imposant à l'autre la position basse de celui qui s'exécute comme une machine, sans avoir son mot à dire.

***Qu'est-ce que la position d'égal à égal ?***

Cette position est souvent prise pour favoriser la réflexion et la création. Son principal inconvénient est la surenchère, une sorte d'escalade (par exemple : celui qui en fera le plus possible...) ou la sous-enchère, une sorte de dégringolade (par exemple : celui qui en fera le moins possible...).

***Qu'est-ce que la position neutre?***
Cette position est souvent prise pour favoriser l'expression « neutre », c'est-à-dire sans se prononcer et sans faire de commentaires (c'est par exemple voter blanc lors d'une élection). Son principal inconvénient est de laisser faire sans chercher à participer à l'évolution d'une situation, d'un système…

## Le risque d'escalade

***Qu'est-ce que l'escalade?***
Schématiquement l'escalade est, au départ, un enjeu commun qui dégénère en une partie de « bras de fer ». L'un est persuadé détenir la vérité et veut convaincre l'autre qu'il est dans l'erreur, et réciproquement. Chacun attend donc de l'autre qu'il renonce à son point de vue et qu'il change son comportement si peu approprié à la situation.

Ce qui, bien entendu, a tendance à produire l'effet inverse, c'est-à-dire à renforcer l'attitude de l'autre et à faire évoluer la situation vers un blocage, voire même un conflit, tout en risquant de dégrader très sérieusement la relation. C'est comme jeter de l'huile sur le feu pour essayer de l'éteindre. Le risque d'un retour de flamme ou de faire grandir l'incendie est grand.

Important

Notez que plus l'investissement d'énergie affective dans ce processus d'escalade est fort, moins il est possible d'en sortir, car chacun voudra rester sur ses positions et faire valoir son « bon droit ». Chacun pense : « Je n'ai pas à changer d'avis puisque j'ai raison et qu'il a tort. De plus, il n'y a aucune raison de faire un effort puisqu'il n'en fait aucun… »

Il y a donc fort à parier que personne ne prendra l'initiative de stopper cette spirale infernale et de faire marche arrière. Chacun ressent : « J'ai trop investi dans cette histoire pour faire à présent marche arrière… Alors ça passe ou ça casse… »

Et à force d'escalader, l'arrivée au sommet finit par se produire. Et plus vous montez haut, plus vous risquez de tomber de haut, donc plus vous risquez gros…

Attention également au point de non-retour qui est une petite mort de la relation…

***Comment sortir de l'escalade ?***

L'idéal est, bien entendu, de ne pas y entrer en ne résistant pas à la résistance comme vous le savez maintenant. Mais, lorsque vous êtes dans l'escalade, il peut être intéressant d'apporter du génie pour mettre l'autre en position d'en donner, c'est-à-dire d'agir le premier pour rompre la dynamique de l'escalade en :

- se synchronisant un moment sur l'autre pour mieux l'accompagner vers une communication moins dommageable ;
- prenant la position basse ;
- repérant l'intention positive de l'autre ;
- anticipant les coûts consécutifs à ce « bras de fer » (en terme d'énergie dépensée et de dégradation de la relation) ;
- informant l'autre de son envie de changer de point de vue ;
- définissant un autre objectif qui respecte intégralement les buts de l'un et de l'autre.

## Le programme officiel et le programme non officiel

Dans une relation, il existe toujours une version officielle et une version non officielle.

Prenons l'exemple de cette personne qui rejette une invitation à dîner. Officiellement elle n'est pas libre, car elle a un autre rendez-vous, mais en fait, officieusement, elle n'a aucune envie de perdre son temps en mauvaise compagnie et ne souhaite pas donner d'autres explications au risque de vexer son hôte. Du coup, elle préfère « arranger » à sa manière la réalité.

Certains parlent de diplomatie, d'autre de mensonge, de manque de franchise ou de malhonnêteté... Nous ne jugerons pas et parlerons de programme officiel et de programme non officiel.

Important

Retenez surtout que c'est systématiquement le programme non officiel qui « l'emporte » et conclut l'interaction.

# Les 15 techniques

## Technique n° 1 : La clarification et la détermination d'objectif

*Si vous prenez le mauvais train, il est inutile d'arpenter les couloirs dans la bonne direction.*
Dietrich Bonheoffer, théologien allemand



Savez-vous comment faire pour atteindre un objectif? Eh bien, il faut tout simplement commencer par avoir un objectif... Cela semble évident n'est-ce pas ? Pourtant, dans la réalité cela est souvent bien différent.

Par exemple, et aussi fou que cela puisse paraître, la majorité des travailleurs ne connaît pas ses objectifs. Ainsi de nombreuses personnes s'activent sans véritablement connaître leur objectif personnel ou celui de leur équipe ou de leur entreprise. Diriger une organisation de cette manière revient à monter dans un taxi sans donner au chauffeur notre lieu de destination. Nous allons quelque part oui... mais où ?

Cette première technique va vous permettre de prendre une direction en apprenant à mettre en place vos propres objectifs (avant de peut-être aider les autres à clarifier et déterminer les leurs), car tout bon marin vous le dira (et le philosophe Sénèque aussi) : « Il n'est pas de vent favorable pour celui qui ne sait où il va. »

De plus, sachez qu'il n'y a pas de motivation sans objectif. En effet, tout le monde sait que plus un objectif est attirant, plus la motivation de l'atteindre est forte. Et inversement, si un objectif est repoussant (ou tout simplement inexistant), il n'y aura bien entendu aucune motivation. Le but du jeu est donc de clarifier votre objectif pour prendre la bonne direction et aussi de le rendre le plus attirant possible afin de stimuler au maximum votre motivation et ainsi favoriser un très haut niveau de performance.

Pour vous aider à créer et à développer votre motivation, tout en déterminant les différentes phases qui vous séparent encore de votre objectif, nous vous proposons une stratégie particulière qui consiste à répondre à six questions.

N'hésitez surtout pas à être le plus précis possible dans chacune de vos réponses, car cette précision détermine votre niveau de performance et programme votre niveau de réussite. Prenez le temps nécessaire comme un voyageur le fait pour préparer son excursion afin d'avoir le moins de surprise possible car « ne pas prévoir, c'est déjà gémir » (Léonard de Vinci).

Je vous propose donc, dans un premier temps, de découvrir la technique en lisant les explications et les exemples ci-dessous, puis de pratiquer (car rien ne remplace la pratique) en écrivant au fur et à mesure vos propres réponses (dans les cadres réservés à cet effet ci-après).

***Les six questions***

1. Que voulez-vous?
2. Qu'est-ce que cela va vous apporter?
3. À quoi saurez-vous que vous avez atteint votre objectif?
4. Y a-t-il un inconvénient à atteindre votre objectif?
5. Qu'est-ce qui vous empêche d'atteindre votre objectif?
6. De quoi avez-vous besoin pour atteindre votre objectif?

### 1. QUE VOULEZ-VOUS ?

*Visez toujours la lune. Même si vous la manquez,*
*vous atterrirez parmi les étoiles.*
Les Brown, écrivain américain

Quel est précisément votre objectif? Cette première réponse vous indique « l'étoile du nord » vers laquelle vous allez vous diriger pour ne pas vous perdre en chemin.

Attention, il est impératif de déterminer votre objectif de manière à ce qu'il soit affirmatif, réaliste et personnel et voici pourquoi.

#### ✓ *Affirmatif*

*Qui pense son bonheur le retrouve.*
Jean Prieur, auteur dramatique et romancier français

Vérifiez toujours que votre objectif soit formulé POSITIVEMENT, car la formulation négative a des effets négatifs. Ainsi, ne formulez pas votre objectif en fonction de ce que vous ne voulez pas: « Je ne veux pas être stressé »[11] mais en fonction de ce que vous voulez : « Je veux être calme. »

Car, si je vous demande de fermer les yeux et de ne pas voir une belle tomate bien rouge posée sur une belle assiette bien blanche, vous avez sans doute vu la tomate, l'assiette ou bien les deux. Et pourtant je vous ai demandé de ne pas voir. En fait, cette négation n'est pas entendue par l'inconscient et si vous formulez votre objectif négativement – « Je ne veux pas être stressé » – vous avez alors une vision inconsciente sous l'angle du stress et non sous celui du calme.

Sachez que ce que vous cultivez dans votre esprit, produit des effets dans votre vie (principe de la pensée positive). La formulation positive est donc indispensable.

En résumé, et pour revenir à votre objectif actuel, votre formulation doit donc être du type : « Je veux mieux communiquer. »

Astuce

Si vous avez une difficulté à savoir ce que vous voulez, partez de ce que vous ne voulez pas et posez-vous la question : « Si je ne veux pas de cette situation, qu'est-ce que je veux à la place ? »

✓ *Réaliste*

*Soyez réalistes : demandez l'impossible.*
Ernesto « Che » Guevara, homme politique argentin

Posez-vous la question suivante pour prendre conscience de vos limites et pour éviter de vous lancer à ma poursuite d'une chimère : « Est-ce que je peux réaliser matériellement mon objectif ? »

Par exemple, sauter en hauteur 2,50 m (2,45 m est le record du monde masculin) la semaine prochaine alors que vous n'êtes pas sportif et que vous n'avez jamais fait de saut en hauteur n'est sans doute pas très lucide. Réfléchir à un chiffre (2,50 m) est une chose, mais se trouver dans l'action face à l'obstacle est une autre chose qui risque de vous décourager et de vous faire renoncer avant d'essayer. Vous avez sans doute mis la barre un peu haute et même si impossible n'est pas français, convenez que vous avez plus de chance de réussir en changeant l'objectif pour qu'il devienne réaliste (notamment en baissant la barre de quelques centimètres ou même en la supprimant dans un premier temps pour apprendre la technique, prendre du plaisir et confiance en vous...).

Bien entendu, cela ne veut pas dire que vous devez renoncer à sauter un jour 2,50 m (au contraire, il est enrichissant de chercher à dépasser ses limites). Cela veut simplement dire qu'il y a parfois des étapes entre un point de départ (déterminer l'objectif) et un point d'arrivée (atteindre l'objectif). Et que ce qui n'est pas réaliste aujourd'hui, le sera peut-être demain (ou après demain...).

*Le secret, c'est de vivre au jour le jour, ici et maintenant,*
*et de bien hiérarchiser les objectifs. Il y a la montagne*
*à gravir et les étapes pour arriver au sommet.*
*Ces étapes sont votre quotidien.*
Yannick Noah, tennisman, chanteur et acteur français

Le Tour de France, par exemple, ne se court pas en une étape mais en plusieurs. Et chaque coureur a au moins un objectif à chaque étape (court terme) en plus d'avoir un objectif final (moyen ou long terme) sur l'ensemble des trois semaines que dure cette compétition.

✓ *Personnel*

*Chacun est l'artisan de son sort.*
Salluste, historien romain

Vérifiez toujours que votre objectif dépend uniquement de vous en vous posant la question suivante: « Est-ce qu'atteindre mon objectif ne dépend que de moi ? »

Si ce n'est pas le cas, vous devez impérativement changer d'objectif car vous vous exposez inutilement au risque de la démotivation.

Par exemple, je me souviens d'un coureur cycliste dont l'objectif était: « Je veux gagner dix courses cette saison ». À première vue, l'objectif semblait correct, car formulé positivement et avec les très bons résultats des saisons précédentes, cela semblait être tout à fait réaliste.

Mais à la question; « Est-ce que ton objectif ne dépend que de toi ? » la réponse fut évidemment non puisque cela dépend notamment aussi des autres coureurs. Alors je lui ai proposé de conserver cette idée de victoires comme un but à long terme à partir duquel il a pu déterminer plusieurs objectifs intermédiaires à court et moyen terme.

Et pour cela il a répondu à la question suivante: « Qu'est-ce qui ne dépend que de moi et me permettrait de maximiser mes chances d'atteindre mon but ? » Ce qui a donné l'objectif suivant: « Je veux optimiser mon entraînement» et les d'objectifs intermédiaires suivants: «Je veux améliorer ma condition physique» et «Je veux me préparer mentalement.»

Cela l'a conduit également à s'interroger sur son environnement et à chercher à optimiser son encadrement (mécanicien, soigneur, entraîneur, etc.).

Le but est, bien entendu, resté très important (source de motivation), mais il fut accepté comme une possibilité et non plus comme une obligation, source de tension, aussi inutile que limitante (risque de démotivation).

Mieux concentré sur les actions qu'il pouvait contrôler sans risquer d'être démotivé par un objectif qui ne dépendait pas uniquement de lui, l'entraînement fut optimisé grâce à une solide préparation physique et mentale et, cerise sur le gâteau, le but dépassé (dix-huit victoires).

*1. Qu'est-ce que je veux? Quel est mon objectif?*
Ma réponse (affirmative, réaliste, personnelle):
Je veux...

## 2. Qu'est-ce que cela va vous apporter ?

*Ce qu'on obtient en atteignant nos objectifs n'est pas aussi important que ce que l'on devient en les atteignant.*

Zig Ziglar, conférencier et auteur américain

En quoi votre objectif est-il important pour vous? Souvenez-vous que plus il est attirant, plus vous êtes motivé et performant et plus vous avez de chance de l'atteindre.

Vous devez donc faire ici la liste de tous les avantages, de tous les bienfaits, de tous les bénéfices, de tous les plaisirs, de tous les profits, de tous les privilèges… que vous allez pouvoir en retirer. Bref, dressez une liste la plus précise et exhaustive possible des fruits que vous allez récolter en atteignant votre objectif.

Astuce

Si, à la lecture de cette liste, votre objectif n'est pas attirant et déclenche, en vous, très peu de motivation, il est préférable de changer d'objectif et de vous poser à nouveau la question numéro 1 c'est-à-dire : « Que voulez-vous ? »

Pour imager mes propos, laissez-moi, une fois encore, vous donner un exemple concret. L'un de mes amis, pratiquant d'arts martiaux, me questionne un jour sur son échec à plusieurs passages d'examen. Il pratique son art depuis bientôt 17 ans, est ceinture noire 3e dan et a été « recalé » deux fois à l'examen lui donnant accès au grade suivant. Il semble que sa bonne volonté et les nombreuses heures passées à l'entraînement ne suffisent pas. Puisque notre conversation prend la forme d'un coaching informel, je commence à lui poser les questions d'usages pour clarifier l'objectif et nous butons rapidement sur la question concernant la motivation.

– Qu'est-ce que va t'apporter un nouveau grade ? qui, soit dit en passant, ne dépend pas que de lui puisqu'il est délivré par un jury.

– C'est l'évolution classique et normale d'un pratiquant, dit-il, pas forcément convaincu.

– Et quoi d'autre ?

– Rien d'autre, à part peut-être la reconnaissance officielle de mon niveau de pratique… Mais cela n'est vraiment pas important.

– Et s'il y avait quelque chose d'autre, cela pourrait être quoi ?

*Après un cours temps de réflexion il répond étonné :*

– Plus de responsabilités.

De fil en aiguille et de questions en réponses, nous mettons à jour que, pour lui, être un « haut gradé » signifie plus de responsabilités, plus d'heures de pratique et de stage, etc. Bref, plus de contraintes. Voire même plus d'obligations, comme être un modèle d'excellence, car à ce niveau-là l'erreur ne semble, pour lui, pas être pardonnable… Et cela, dans son temps de loisir, il n'en veut pas, car cela percute violemment l'une de ses valeurs fondamentales : la liberté. Il réalise alors qu'il a inconsciemment programmé son échec pour ne pas endosser le grade supérieur et ses trop nombreuses contraintes.

Pour la petite histoire, cette conversation a aussi été utile pour mettre à jour l'un des freins possibles à d'autres objectifs non réalisés dans d'autres domaines : sa notion de « liberté » aurait peut-être des effets limitants jusqu'alors insoupçonnés…

*2. Qu'est-ce que cela va m'apporter ?*

Ma réponse :

Cela va m'apporter : …

*Bien entendu, prenez une autre feuille si cela est nécessaire.*

### 3. À quoi saurez-vous que vous avez atteint votre objectif ?

Comment saurez-vous que vous avez atteint votre objectif (critères d'évaluation) ou encore quels seront les signes indicateurs de votre réussite (signes concrets et sensoriels : qu'est-ce que je pourrai voir, entendre, ressentir, sentir...) ?

Il faut que votre objectif soit soumis à des critères précis et contextualisé pour en avoir une idée claire et le rendre facile à évaluer.

✓ *Critères & contexte*

*Il faut que les buts que tu te fixes soient clairs et précis dans ton esprit avant de chercher à les atteindre. Garde-les en mémoire jusqu'à ce qu'ils deviennent une seconde nature.*

Les Brown, écrivain américain

Votre objectif est-il formulé avec précision, c'est-à-dire est-il clair, précis et facilement évaluable, mesurable ? De plus, est-il contextualisé, c'est-à-dire avez-vous défini le contexte ?

Par exemple, « Je veux réussir » est sans doute une belle pensée, mais réussir quoi ? Où ? Quand ? Avec qui ? Dans quelles circonstances ? De quelle manière ?

En vous posant ces questions vous permettez à votre objectif d'être encore plus vivant, encore plus fort, plus puissant et plus présent à votre esprit. Pour répondre à cette question de manière plus efficace, projetez-vous dans le futur précisément au moment exact de l'atteinte de votre objectif et visualisez votre réussite (ceci a en plus l'avantage de vous programmer un futur positif, car il est prouvé que visualiser la réussite favorise la réussite).

Profitez et jouissez de ce moment agréable puis demandez-vous : « Qu'est-ce que je vois, qu'est-ce que j'entends, qu'est-ce que je ressens, qu'est-ce que je sens ? »

« Qu'est-ce que les autres peuvent constater concrètement ? »

Bref, notez ce que vous allez voir, entendre, ressentir et sentir[12] concrètement…

*3. À quoi saurais-je que j'ai atteint mon objectif ?*

Ma réponse :

Qu'est-ce que je vois : …

Qu'est-ce que j'entends : …

Qu'est-ce que je ressens : …

Qu'est-ce que je sens : …

Qu'est-ce que les autres peuvent constater : …

*Apportez des réponses concrètes et, bien entendu, prenez une autre feuille si cela est nécessaire.*

### 4. Y a-t-il un inconvénient à atteindre votre objectif ?

Et si oui, lequel (ou lesquels) ? Cette question est très importante, car elle permet de vérifier que votre objectif ne met pas en péril l'écologie du système dans lequel vous vivez (équilibre familial, professionnel, etc.).

Si cela est le cas, votre objectif n'est peut-être pas « écologique » et vous devez consciemment déterminer le niveau de perturbation pour ensuite décider de poursuivre votre objectif en l'état ou pas.

✓ *Écologie du système*

*L'habituel défaut de l'homme*
*est de ne pas prévoir l'orage par beau temps.*
Nicolas Machiavel, philosophe
et homme politique italien

En effet, il se peut que votre objectif soit porteur d'inconvénients (pour vous et/ou pour les autres). Il est donc important de savoir, avant de se lancer, s'il existe un ou plusieurs éventuels inconvénients afin de ne pas investir dans un objectif qui rapporte moins qu'il ne coûte (il faut en effet encaisser une plus-value et non enregistrer une moins-value sinon à quoi bon investir...). C'est en quelque sorte prévoir l'imprévisible (car un homme averti en vaut deux) ou prévenir plutôt que guérir, car ne pas s'interroger sur l'écologie reviendrait à sauter en parachute sans avoir vérifié son matériel et emporté son parachute de secours.

Pour vérifier cela, vous devez vous poser la question suivante : « Y a-t-il un inconvénient à atteindre mon objectif ? »

Si la réponse à cette question ne met pas à jour d'inconvénient, c'est peut-être parce qu'il n'y en a pas. Donc tout va bien, votre objectif est « écologique », c'est-à-dire que l'écologie de votre système est respectée et il n'est pas nécessaire de le reformuler.

Mais parfois un inconvénient peut se cacher et il faut toujours chercher à le débusquer. Pour ce faire, vous pouvez vous poser la question : « Et s'il y avait juste un inconvénient, ce serait quoi ? »

Vous pouvez également visualiser mentalement à nouveau le futur en faisant comme si vous aviez déjà atteint votre objectif. Puis prenez conscience de ce que cela change pour vous et pour votre entourage.

Vous pouvez aussi vous poser la question de cette manière : « Devrais-je renoncer à quelque chose pour atteindre mon objectif ? » et aussi : « Est-ce que mon entourage devra renoncer à quelque chose ? »

Prenons un exemple. Un jeune homme me demande un jour conseil au sujet de l'un de ses rêves, devenir écrivain. Comme je ne suis pas consultant et ne donne donc pas de conseil, mais m'inscris plutôt dans une démarche de coaching, je l'invite à se poser quelques questions, notamment pour vérifier l'écologie de son système.

Ainsi, à la question : « Y aurait-il un inconvénient à écrire un premier livre en six mois ? »[13], il me répond sans temps de réflexion et avec le sourire de la passion aux lèvres : « Non aucun ».

– Et s'il y en avait seulement un ce serait quoi ?

– Peut-être la jalousie en cas de succès ou les moqueries en cas d'échec. Ou bien de me déconnecter de la réalité et de m'enfermer dans mon monde en travaillant toujours seul devant mon ordinateur.

– Est-ce un problème pour vous ?

– Pour moi non, mais peut-être pour mon entourage. Mais c'est un risque que je suis vraiment prêt à assumer.

– À propos de votre entourage, y aurait-il un autre inconvénient possible ?

– Maintenant que je me pose la question dans ce sens, oui il peut même y en avoir plusieurs…

Et la liste fut bien plus longue que ce qu'il pensait et principalement :

- moins de temps à consacrer à ses proches (à sa femme et à son fils en particulier) ;
- investissement pour l'avenir mais beaucoup moins d'entrées financières dans le présent, car étant travailleur indépendant, le temps passé à écrire, il ne le passera pas à son travail (donc problème de budget : sans doute annulation des vacances déjà prévues, etc.).

Le simple fait de se poser ces questions dès aujourd'hui lui évite les problèmes de demain (notamment relationnels et financiers). Cela lui permet d'anticiper et d'éviter les obstacles inconscients qui auraient pu très sérieusement nuire à l'atteinte de son objectif et l'obliger à trouver des excuses pour expliquer son échec.

Pour la petite histoire, une fois les inconvénients repérés, il a pu redéfinir son objectif en changeant principalement le critère du temps (un premier livre réalisé en un an, c'est-à-dire moins de pression, plus de temps pour lui et sa famille, meilleure gestion de son budget…).

Astuce

Faites bien attention car parfois il y a plus d'avantages à ne pas atteindre un objectif que d'avantages à l'atteindre. Je m'explique en vous donnant un exemple.

Être malade a des inconvénients comme de souffrir et de passer son temps cloué au lit, etc. Mais cela a aussi des avantages comme :

- laisser les autres s'occuper de nous et de se faire dorloter ;
- donner un bon alibi (une « bonne excuse ») pour ne pas participer à une réunion dérangeante ou pour ne pas assumer les responsabilités de sa vie ;
- justifier une contre-performance sportive, etc.

Alors pour vérifier cela, vous devez vous interroger de la manière suivante : « Ai-je un avantage à ne pas atteindre mon objectif ou ai-je un intérêt quelconque à ne pas l'atteindre ? »

Pour conclure sur cette notion d'écologie, vous pensez peut-être que toutes ces questions sont comme porter un pantalon avec une ceinture et des bretelles. Et vous avez raison... C'est peut-être un peu excessif et, en même temps, il me semble que cela vaut mieux que de perdre son pantalon et se retrouver en petite tenue devant tout le monde...

*4. Y a-t-il un inconvénient à atteindre mon objectif?*

Ma réponse :
Oui et le(s) voici : ...
Non, mais ai-je un avantage à ne pas atteindre mon objectif? ...

En fonction de ces réponses, est-ce que mon objectif est « écologique » ?

Ma réponse (cochez la bonne réponse) :

- ☐ Oui et je passe à la prochaine question.
- ☐ Non et je décide de renoncer ou de reformuler mon objectif (dans ce cas retour à la question numéro 1 : quel est mon objectif?).

### 5. Qu'est-ce qui vous empêche d'atteindre votre objectif ?

*Si je n'y arrive pas, ce ne sera pas parce que je n'étais pas assez motivé. Ce sera uniquement parce que ce n'était pas faisable.*

Mark Spitz, nageur américain
7 fois médaillé d'or aux JO de 1972

Qu'est-ce qui aujourd'hui vous limite ? Quels sont les freins, les obstacles internes (vous) et externes (vous et les autres, votre environnement…) ? L'idée ici est d'apprendre à anticiper une éventuelle difficulté pour mieux s'y préparer et l'affronter, sans être déstabilisé, avec plus de sérénité et d'efficacité.

Prenons un exemple. Dans le cadre d'un apprentissage à la prise de parole en public, la prise de conscience de ce qui limite votre potentiel d'orateur est très importante. Je me souviens que, lors d'une précédente animation de stage, l'un des participants évoque son malaise à parler en public sans en comprendre la raison puisqu'il maîtrise généralement parfaitement son sujet. Après un rapide questionnement, nous isolons ensemble une cause possible : la peur de l'inconnu.

Après un rapide questionnement, nous isolons une cause possible : la peur de l'inconnu. Nous identifions ensuite la croyance qui alimente cette peur : l'inconnu correspond à un danger de mort.

Dans le but de ramollir cette croyance, je propose de considérer la peur sous un angle différent : effectivement la peur peut générer certains problèmes et, en même temps, elle est notre alliée, car elle nous signale le danger et ainsi nous en protège (voir la technique « recadrage de sens »). Puis, nous décidons de mettre en place une stratégie qui ne cherche pas à rendre insensible à la peur, mais limite ses conséquences inhibitrices.

Pour cela, nous avons donc ensemble listé les éléments dont il avait besoin pour se sentir plus rassuré, c'est-à-dire rendre connu ce qui était inconnu.

Puis, après avoir installé un « ancrage de ressources »[14], je lui ai proposé de visualiser sa prochaine intervention. Projeté mentalement dans cette situation, il devait la vivre comme si elle était le moment présent et lui donner le plus de réalisme possible. Il devait, à voix haute, décrire son expérience en donnant un maximum de détails (description de l'environnement, du public, du lieu qu'il a déjà visité, etc.). Et comme il est important de prévoir, je lui ai proposé de pré-voir différents scénarii pour mieux anticiper les éventuels changements de contexte (changement de lieu, plus de monde que prévu ou remplacement de certains participants, etc.).

Pour la petite histoire, il a utilisé cette stratégie pendant quelques semaines avant chaque prise de parole puis, d'expérience en expérience, de réussite en réussite, de renforcement de confiance en soi en développement de son charisme, la préparation mentale précédemment nécessaire est devenue inutile et sa croyance modifiée (inconnu = plaisir).

Important

À ce niveau de présentation de la technique, il est très important de souligner que, parfois, une difficulté à communiquer peut avoir une origine traumatique. C'est par exemple :

- répondre inconsciemment et systématiquement à une injonction de notre enfance (tu dois toujours être parfait, toujours être fort et ne pas pleurer…) ;
- avoir une fausse image de soi (pour exister je dois être quelqu'un d'important ; sinon je n'existe pas…) ;
- ou avoir une image négative de soi (je ne suis bon à rien et je n'arriverai jamais à rien…).

Et oui, vous êtes le résultat du passé, mais le futur est toujours entre vos mains (paroles de sage). Pour cela vous devez savoir qui vous êtes, car si vous ne le savez pas, qui donc est en train de vivre à votre place[15] ?

Si vous pensez que cela est nécessaire (si et seulement si, bien entendu), voici peut-être l'occasion de faire le point et d'aborder ce sujet avec l'aide d'un spécialiste c'est-à-dire d'un « psy »[16].

*5. Qu'est-ce qui m'empêche d'atteindre mon objectif?*
Ma réponse: ...

### 6. De quoi avez-vous besoin pour atteindre votre objectif?

*La fin est dans les moyens*
*comme l'arbre est dans la semence.*
Mohandas Karamchand (Mahatma) Gandhi,
philosophe et homme politique indien

Vous devez ici répertorier tous les moyens et toutes les ressources dont vous avez besoin pour atteindre votre objectif. C'est aussi le moment de planifier concrètement l'ensemble de vos actions.

*6. De quoi ai-je besoin pour atteindre mon objectif?*
Ma réponse: ...

*Bien entendu, prenez une autre feuille*
*si cela est nécessaire.*

### Silence! Ça tourne! Action!

*Le commencement est beaucoup plus*
*que la moitié de l'objectif.*
Aristote, philosophe grec

Bravo!

En apprenant cette technique, vous vous êtes offert la voie royale pour atteindre vos objectifs. Vous avez brillamment répondu à ces questions et vous avez maintenant défini votre plan d'action. En prenant le temps de formuler vos réponses, vous avez totalement clarifié et parfaitement défini votre itinéraire et débroussaillé votre chemin, découvert la distance qu'il vous reste à parcourir, repéré vos points forts et vos points les moins forts, ce qui vous permet à présent d'avancer facilement et rapidement avec la motivation à vos côtés et, je vous le souhaite, la réussite au bout du voyage.

Alors, bonne route…

Pour rappel, avant de passer à la découverte d'une autre technique, il est important de mettre en pratique la technique que vous venez de découvrir afin de vous l'approprier et de l'intégrer. Nous vous invitons donc à fermer ce livre pour passer à la pratique (si ce n'est déjà fait) puis à l'évaluation de votre niveau de maîtrise.

Astuce

Pour vous aider à clarifier et déterminer vos prochains objectifs, voici une synthèse de cette technique présentée sous forme de tableau récapitulatif pour vous servir d'aide-mémoire. Utilisez ce mémento aussi souvent que cela est nécessaire puis avec la pratique, vous verrez qu'il devient inutile de l'utiliser car cette technique sera complètement intégrée.

1. *Qu'est-ce que je veux ? Quel est mon objectif ?*
   Je veux : …
   *(Attention, je dois formuler ma réponse de manière affirmative, réaliste et personnelle.)*
2. *Qu'est-ce que cela va m'apporter ?*
   Cela va m'apporter : …
3. *À quoi saurais-je que j'ai atteint mon objectif ?*
   Je verrai : …
   J'entendrai : …

Je ressentirai : …
Je sentirai : …
Les autres pourront constater : …

4. *Y a-t-il un inconvénient à atteindre mon objectif ?*
   OUI et le(s) voici : …
   NON mais ai-je un avantage à ne pas atteindre mon objectif ? …
   En fonction de ces réponses, est-ce que mon objectif est « écologique » ?
   ☐ OUI et je passe à la prochaine question.
   ☐ NON et je décide de renoncer ou de reformuler mon objectif *(dans ce cas je me pose à nouveau la question numéro 1 : quel est mon objectif ?).*
5. *Qu'est-ce qui m'empêche d'atteindre mon objectif ?*
   Ce qui m'empêche c'est : …
6. *De quoi ai-je besoin pour atteindre mon objectif ?*
   J'ai besoin de : …

## Technique n° 2 : Le feed-back

Savoir

***Qu'est-ce qu'un feed-back ?***

Il s'agit d'un terme anglais qui signifie renvoyer une information ou un résultat. Ce terme est notamment utilisé dans une conception de la communication qui se nomme boucle de rétroaction.

Un émetteur (vous) envoie un message qui est capté par un récepteur (votre interlocuteur). Et pour qu'il y ait véritablement communication, le récepteur doit adresser à l'émetteur un message qui est appelé retour d'informations ou feed-back.

L'émetteur reçoit ce feed-back et peut ainsi contrôler la qualité de son message (souvent parasité à l'aller comme au retour par différents phénomènes : autre modèle du monde, bruits extérieurs...) en jugeant l'effet produit sur le récepteur. Ainsi, grâce à ce retour d'informations, il peut faire une comparaison entre l'effet souhaité (faire comprendre un message) et l'effet obtenu (message compris ou pas).

La boucle est bouclée et une nouvelle boucle de rétroaction peut être créée soit pour envoyer une nouvelle information (si le premier message a bien été compris) soit pour envoyer un complément d'information (si le premier message n'a pas bien été compris). En effet, rappelez-vous qu'il est de la responsabilité de l'émetteur de se faire comprendre. Donc, si le message n'a pas été compris par le récepteur, un autre message permettant de rendre l'information plus compréhensible doit être envoyé dans l'attente d'un nouveau feed-back...

Et ainsi de suite jusqu'à ce que le message soit bien compris.

***Qu'est-ce que la technique du feed-back ?***

En PNL, la technique du feed-back permet aussi de nourrir votre interlocuteur d'informations précieuses sur, par exemple, son comportement et sur les conséquences de ce comportement. Cette nourriture a la vocation de favoriser une prise de conscience qui pourrait bien susciter chez lui l'envie de faire évoluer son comportement. Bien entendu, si et seulement s'il estime que ces modifications sont vraiment nécessaires.

Le grand plus de cette technique, c'est la manière élégante et en douceur de réaliser et d'envoyer le message (message envoyé à l'autre – feed-back – ou à soi-même – auto feed-back).

***« Feed burger » ou « Feed gastronomique » ?***

Préparez-vous à manger pour nourrir ou pour faire vomir ? Lorsque j'ai appris cette technique de feed-back, celle-ci m'a été présentée comme une recette très simple qui se prépare comme un sandwich très appétissant. Deux fines tranches de pain moelleux et au milieu une succulente fine tranche de jambon.

Cela donne concrètement :

- commencez par énoncer de manière positive les faits que vous avez observés ;
- puis suggérez[17] une ou deux pistes d'améliorations ;
- et terminez par une évaluation globale positive.

Et comme tout bon cuisinier qui se respecte, vous devez aussi vérifier que votre cuisine est appréciée. Aussi, vérifiez toujours la bonne compréhension de votre feed-back et demandez à votre interlocuteur s'il est d'accord avec vous.

Important

Notez que nous parlons de piste d'amélioration et pas de problème, de lacune, de faute, d'erreur ou autre terme pouvant être vécu comme un jugement négatif. De même, nous proposons une ou deux pistes mais pas plus, car une longue liste serait indigeste, effacerait l'énoncé du positif et ne serait pas intégrée (trop d'info tue l'info – voir Reformulation p. 67).

Retenez aussi que la recette est importante et que le service est primordial. Si le serveur du restaurant où vous mangez vous jette votre plat à la figure, ce dernier peut être bien cuisiné et avoir bon goût, il n'empêche qu'il vous restera sans doute sur l'estomac ou en travers de la gorge (du moins si vous vous décidez à le manger).

Vous devez donc faire votre feed-back en étant imprégné d'une philosophie[18] et après avoir créé un bon rapport[19] pour permettre à votre interlocuteur d'être servi correctement.

Astuce

Vous pouvez aussi utiliser une astuce de vocabulaire et remplacer le « mais » par « et ». Les petits détails ont souvent de grands effets (un petit clic vaut mieux qu'un grand choc).

– Dis-moi, maintenant que tu viens de terminer, as-tu du temps à me consacrer pour recevoir ton feed-back ?
– Oui, j'ai du temps pour recevoir mon feed-back.
– Alors allons-y ! Je trouve que tu as très bien réalisé la technique. Tu as suivi avec beaucoup de précision la recette après avoir créé un très bon rapport, notamment grâce à une parfaite synchronisation et peut-être que si tu rajoutes un peu plus d'observation en regardant un peu plus souvent ton partenaire, tu rendras ta calibration encore plus performante et du coup la technique aussi. Bravo, vraiment, continue, car tu es dans la bonne direction.

Le feed-back est terminé à ceci prêt qu'il est important de vérifier l'effet produit en questionnant ainsi :

– Dis-moi, est-ce que mes remarques te paraissent claires ?
– Si tu devais les reformuler, que dirais-tu ?
– Qu'est-ce qu'elles t'apportent ?
– Qu'est-ce que tu décides de faire à présent ?

***Quelques mots sur ce feed-back***

Plus, plus et encore plus…

Nous empilons le positif pour dynamiser et motiver l'autre dans sa conviction qu'il est capable d'atteindre l'excellence, tout en nous assurant que le feed-back a été bien perçu et bien compris.

Notez qu'un feed-back doit être fait comme dans cet exemple le plus tôt possible (idéalement juste après l'action) et lorsque votre interlocuteur est vraiment et totalement disponible. Notez aussi le « peut-être que » qui donne la possibilité d'accepter une hypothèse et non une vérité.

Ce type de feed-back ne laisse jamais la place au doute que l'autre peut réussir, car nous sommes convaincus qu'il a toutes les ressources nécessaires pour atteindre ses objectifs. En effet, le doute est comme la transpiration, il suinte et risque fort de donner à notre interlocuteur la conviction que nous n'avons pas confiance en lui et en son potentiel.

Pour encore mieux comprendre l'importance d'utiliser cette technique de la bonne manière, prenons un autre exemple ou plutôt un contre-exemple.

« Bon, non c'était pas mal (1) car tu as fait la technique de ton mieux (2) et tu as respecté le processus en créant le rapport, **mais** (3) par contre tu n'as pas regardé ton partenaire et ça, c'est très mauvais (4). Je te l'ai déjà dit 100 fois (5) mais tu n'écoutes pas. C'est toujours la même chose. Et puis c'est pareil, tu n'as pas non plus fait ceci ni fait cela (6)… Je me demande où tu as la tête et si tu veux vraiment progresser (7). Bon sinon, dans l'ensemble, ça va (8). »

***Quelques mots sur ce feed-back***

1. Pourquoi utiliser le mot « mal » et la formulation négative et pas autre chose de plus positif ?
2. C'est une remarque intéressante, car elle permet de conserver le rapport et en même temps à quoi a-t-il vu cela ? Les faits doivent être observables (pour permettre à l'autre de savoir précisément ce qu'il doit changer ou sur quoi il peut s'appuyer) et ne doivent pas être seulement du domaine du ressenti, car ceci est trop subjectif et de ce fait non vérifiable (cela doit être précis et vérifiable comme le code de la route).
3. Le « mais » coupe le discours. Il oppose comme dans une balance ce qui est positif de ce qui est négatif. Du coup, lors d'un prochain feed-back seul le « mais » (et son cortège de négativité) focalisera l'attention de notre interlocuteur et le reste sera oublié.
4. Pour quelle raison est-ce si mauvais ? Des faits… pas des jugements…
5. Et hop… des reproches (tu es vraiment nul). Et puisque cela a été dit 100 fois cela prouve quoi ? Que tu n'écoutes pas ou que je ne sais pas me faire entendre – comprendre ? Il faut donner du sens pour que l'autre comprenne l'utilité de ce qu'il doit apprendre (un objectif donne du sens).

6. Heu… nous avions dit une ou deux pistes et pas une liste.
7. On peux se demander aussi si l'auteur de ce feed-back a vraiment envie de faire progresser l'autre (N'a-t-il pas un avantage à agir ainsi ? N'y a-t-il pas un inconvénient à rendre l'autre autonome ? etc.).
8. Ah bon… ce n'est pas vraiment l'impression que cela donne et ne motive donc pas l'autre à vouloir recommencer ou recevoir un nouveau feed-back.

Important

Nous voyons clairement que, même en suivant la recette, le service a une grande importance. Alors pensez toujours à soigner la présentation, car une assiette bien présentée ne met-elle pas l'eau à la bouche ?

Bon appétit !

## Technique n° 3 : La synchronisation

Savoir

Vous allez à présent découvrir plusieurs techniques (synchronisation, écoute et reformulation, observation et calibration, espace de communication, flexibilité, congruence et conduite), qui ont pour principal objectif de favoriser un bon rapport.

***Qu'est-ce que le rapport ?***

Le rapport repose sur la notion de confiance. Celle que vous vous portez à vous-même et celle que vous placez en l'autre afin de lui donner le sentiment de respect et de sécurité dont il a besoin pour se sentir à l'aise dans la relation. Bien entendu, cette confiance doit être réciproque.

Ce climat de confiance favorise notamment l'accès à toutes les ressources dont chacun à besoin pour enrichir la communication et la rendre efficace (dans le cadre d'un travail créatif par exemple), car il est sécurisant, induit une envie de partage et de collaboration.

En bref, pour établir un bon rapport, il vous faut donc créer un climat de confiance respectueux et utiliser les techniques présentées ci-après en commençant par la synchronisation.

***Qu'est-ce que la synchronisation ?***

La synchronisation va vous permettre de devenir un caméléon non pas pour changer de couleur et vous fondre dans votre environnement, mais pour vous adapter aux multiples styles de communication des personnes avec lesquelles vous allez communiquer.

L'idée est de repérer discrètement le mode d'expression (verbal, paraverbal et non verbal : voir ci-dessous) de votre interlocuteur et d'utiliser le même (du moins d'en être le plus proche possible).

Important

Attention, cette forme de communication d'inconscient à inconscient n'a pas pour objet de singer, mais plutôt, à la manière d'un couple de danseur, de s'harmoniser avec l'autre comme dans une sorte de ballet. L'un suit le mouvement de l'autre et inversement. Se synchroniser, c'est être inconsciemment en phase.

Votre interlocuteur ne doit donc pas ressentir que vous êtes en train de l'imiter, car il risque de mal le prendre (moquerie…) et vous risquez ainsi d'obtenir l'effet inverse, c'est-à-dire de casser le rapport et le climat de confiance.

***Qu'est-ce que la synchronisation verbale?***

L'idée est ici de se synchroniser sur l'état interne, sur la structure du discours ou encore sur le modèle du monde de votre interlocuteur.

*Comment se synchroniser sur l'état interne de votre interlocuteur?*

Pour ce faire, il faut vous synchroniser sur l'état émotionnel de votre interlocuteur. Par exemple, s'il est joyeux et enthousiaste, soyez joyeux et enthousiaste et s'il est plus morose et distant, adoptez un langage de circonstance (sans vous sentir obligé d'aller jusqu'à pleurer pour vous synchroniser sur les larmes de l'autre, bien entendu…).

*Comment se synchroniser sur la structure du discours de votre interlocuteur?*

Pour ce faire vous allez construire vos phrases et le contenu de votre discours selon le même style que votre interlocuteur. Par exemple, s'il utilise régulièrement les métaphores ou s'il communique en utilisant un vocabulaire « visuel », faites de même. Mais rappelez-vous une dernière fois que se synchroniser n'est pas singer.

Du coup, si votre partenaire utilise par exemple la langue verte (l'argot) et que ce n'est absolument pas votre style, ne cherchez pas à être tendance au risque de récolter l'effet inverse...

Vous devez donc apprendre à repérer la structure du discours de votre interlocuteur afin de mieux vous synchroniser en vous demandant notamment s'il a plutôt un vocabulaire du type visuel, auditif, kinesthésique ou olfactif.

Si le type de vocabulaire est plutôt visuel, vous entendrez des tournures de phrase comme celle-ci : « Je vois très bien ce que tu veux dire, car ta présentation est très claire et bien imagée... »

Si le type de vocabulaire est plutôt auditif, vous entendrez quelque chose comme : « J'entends ta demande et elle fait écho dans mon histoire personnelle mais je ne sais pas comment y répondre... ».

Si le type est plutôt kinesthésique, vous entendrez plutôt des formulations comme : « Je sens très bien la différence entre une sensation de tension et de détente, mais aujourd'hui je ne ressens rien... »

Enfin, si le type est plutôt olfactif, vous entendrez plutôt du style : « Elle fleure bon la joie de vivre. Par contre, son ami, je ne peux pas le sentir... »

Bien entendu, une personne n'utilise pas un type unique (visuel ou auditif par exemple) mais, en général, il y en a toujours un qui prédomine et c'est donc celui-là qu'il faut privilégier.

*Comment se synchroniser sur le modèle du monde de votre interlocuteur ?*

Pour ce faire il faut repérer, dans le discours de votre interlocuteur, les idées essentielles comme par exemple une opinion, un avis, un concept, un mot-clef…, et les injecter dans votre propre discours, notamment en utilisant la reformulation. Vous l'avez compris, le but du jeu n'est pas d'être d'accord avec ses idées, mais simplement de lui montrer que vous cherchez réellement à comprendre son modèle du monde (et non à le juger…).

***Qu'est-ce que la synchronisation paraverbale?***
L'idée est ici de se synchroniser sur la voix de votre interlocuteur et principalement sur son volume (fort ou bas) et sur son débit (rapide ou lent).

*Comment se synchroniser sur le mode paraverbal?*
Pour ce faire vous devez vous rapprocher le plus possible du volume et du débit de la voix de votre interlocuteur. Par exemple, s'il parle avec une voix faible et lente, essayez de parler avec une voix faible et lente. S'il parle fort et vite, parlez fort et vite. Mais, si le ton devient trop fort et trop rapide et que la conversation risque de dégénérer en dispute, parlez progressivement un peu moins fort et plus doucement.

Rappelez-vous, si le rapport est bon il devrait vous suivre et parler moins fort; ceci est un bon moyen de vérifier si vous êtes vraiment en phase l'un l'autre.

Entraînez-vous, dans vos prochaines conversations, à suivre votre interlocuteur de cette manière.

Mais rappelez-vous encore et toujours que se synchroniser n'est pas singer. Du coup, vous l'avez compris, si votre partenaire a une voix aiguë et que la vôtre est grave, ne cherchez pas à rendre votre voix aiguë au risque de donner à l'autre l'impression que vous vous moquez de lui…

***Qu'est-ce que la synchronisation non verbale?***

L'idée est ici de se synchroniser sur tout ce qui n'est pas verbal (état interne, structure du discours, modèle du monde) et paraverbal (voix: volume et débit) c'est-à-dire principalement sur la posture physique et la gestuelle de votre interlocuteur.

Avec le temps et l'expérience, vous pourrez même vous synchroniser sur des aspects encore plus subtils comme sa respiration qui indique souvent son état interne (nerveuse, rapide et saccadée ou calme, lente et harmonieuse… synchronisation sur le rythme de l'inspir et de l'expir…) ou ses mimiques qui exprime une pensée.

*Comment se synchroniser sur le mode non verbal?*

Pour ce faire, il faut commencer par observer la posture physique de votre interlocuteur et prendre la même. Par exemple, si celui-ci a une posture assise et qu'il vient de s'adosser contre le dossier de sa chaise, si cela est possible vous en faites autant. Il pause ses mains sur la table et vous aussi. Il croise ses bras, vous les croisez également. Il sourit et, bien sûr, vous souriez…

Ensuite, faites de même au niveau de sa gestuelle et utilisez les mêmes gestes que lui. Bref, vous suivez sa communication non verbale en la reproduisant le plus fidèlement et le plus naturellement possible.

Il est probable que, dans un premier temps, votre attitude perde un peu de son naturel et que votre partenaire soit peut-être un peu perturbé. Mais très rapidement, comme une seconde nature, cette danse se mettra en place automatiquement sans même y penser (exactement comme pour la marche : vous ne pensez pas à bouger vos jambes, car elles bougent automatiquement et inconsciemment).

Pour cela, comme pour tout apprentissage, il vous faut pratiquer au départ de manière régulière en étant attentif. Aussi, chaque jour et à plusieurs reprises pendant quelques minutes, synchronisez-vous sur les personnes qui vous entourent.

Vous verrez que lorsque le rapport est bien installé, l'un va ensuite se synchroniser sur l'autre et inversement, comme dans une partie amicale de ping-pong. Mener la danse un instant de manière consciente est aussi une manière de vérifier que vous êtes réellement en synchronisation avec l'autre (changez de posture et l'autre devrait inconsciemment en faire autant).

Enfin, au risque de me répéter une fois de trop, rappelez-vous que se synchroniser n'est pas singer (ce qui risquerait d'avoir l'effet inverse c'est-à-dire de casser le rapport). Alors si votre partenaire se met le doigt dans le nez, n'en faites pas autant pour éviter de le mettre mal à l'aise… Ou s'il met les pieds sur son bureau, n'empiétez pas sur son territoire…

Astuce

Vous pouvez aussi vous synchroniser d'une manière différente. Par exemple, s'il croise les bras, vous pouvez croiser les jambes.

***La désynchronisation pour quoi faire?***
(Voir aussi: *Processus relationnel – Escalade,* p. 25).
Parfois, il peut être nécessaire d'utiliser la désynchronisation. Par exemple, se désynchroniser peut calmer votre interlocuteur nerveux et agité (beaucoup de gestes, voix très rapide, forte et agressive...) si vous restez calme (sans gestes, voix lente, douce et calme...).

Important

Mais attention! Il faut savoir que cette désynchronisation peut créer l'effet inverse c'est-à-dire énerver encore un peu plus votre interlocuteur qui a l'impression que vous ne prêtez aucune attention à ce qu'il veut vous faire comprendre. Du coup, la solution est peut-être de se synchroniser dans un premier temps (allez également vers l'agitation en évitant toutefois d'aller trop loin dans l'escalade, la surenchère) pour mieux guider l'autre vers le calme (en allant vers le calme).

Rappelez-vous que pour accompagner quelqu'un, il faut d'abord aller vers lui en allant le chercher là où il se trouve (par la main, pas par le poing...).

Astuce

Pour terminer, notez l'importance (pas toujours primordiale, mais quand même) de votre présentation physique. Il est sans doute intéressant de se synchroniser aussi sur la tenue vestimentaire de votre interlocuteur.

Ainsi, si vous devez rencontrer votre banquier pour obtenir un crédit important, il est peut-être préférable de porter autre chose qu'un short, une chemise hawaïenne et des tongs. Mais si vous êtes en relation avec des créatifs, le costume trois-pièces et la coupe de cheveux en brosse ne sont peut-être pas idéaux pour approcher cette tribu…

Bien entendu ne perdez pas votre personnalité en vous déguisant, car il ne s'agit pas de s'habiller en clown si vous devez en rencontrer un.

Enfin puisque nous évoquons ici le sujet, vous pouvez également vous poser la question : « Quel message fais-je passer par mon apparence ? » Si ceci est un problème pour vous, sachez qu'il existe des conseillers en image professionnelle et personnelle (ou relookeurs).

Ne négligez pas non plus le petit détail parfois cause de grande différence. Par exemple, un bonbon à la menthe vaut mieux qu'une mauvaise haleine qui mettra de la distance avec l'autre et limitera l'impact de votre communication…

## Technique n° 4 : L'écoute active

Savoir

Votre interlocuteur a besoin de se sentir écouté. Se sentir écouté est, bien entendu, un aspect important qui contribue à développer un climat de confiance réciproque.

L'idée de l'écoute active (et de la reformulation que nous étudierons juste après), est de montrer à votre interlocuteur que vous l'écoutez réellement et de favoriser le recueil d'informations que celui-ci ne vous livre pas toujours totalement consciemment ou inconsciemment.

***Qu'est-ce que l'écoute active?***
Être en écoute active c'est tout simplement être centré sur votre interlocuteur en gardant le silence et en intervenant uniquement pour accompagner et relancer.

*Comment faire pour accompagner?*
Pour ce faire vous devez avoir une posture physique qui permet de lui confirmer que vous êtes bien à son écoute. Idéalement, soyez en face de lui et ayez un contact visuel direct (regardez-le dans les yeux). Cependant, cela n'est pas toujours possible (contact téléphonique...) ou bien pas recommandé (en psychothérapie, par exemple, certains thérapeutes proposent à leur patient de s'allonger sur le divan afin, notamment, de ne pas avoir ce contact direct qui peut parfois nuire au travail thérapeutique). Il faut donc, comme toujours, être flexible et savoir s'adapter à la situation et à la personne.

Mais, de manière incontournable, il faut régulièrement lui montrer que vous êtes à son écoute en vous exprimant, par exemple, d'une manière simple et concise: «Ah d'accord», «OK», «Hum... hum...», «C'est plus clair», «Je comprends.»

Bien entendu, dites que «c'est clair» ou que «vous comprenez» uniquement si c'est vraiment clair pour vous et que vous comprenez vraiment ce qui est dit. Si cela ne l'est pas, il faut relancer.

*Comment faire pour relancer?*
Il suffit simplement d'interrompre avec tact votre interlocuteur (c'est-à-dire de la bonne manière et au

bon moment – montrez-lui par un petit geste que vous souhaitez prendre la parole, par exemple…) pour lui demander directement de préciser ce que vous n'arrivez pas à comprendre en posant une question du style : « Pour me permettre de mieux comprendre, peux-tu, s'il te plaît, préciser ce que tu viens de me dire ? »

Autre formulation possible de votre question, partez de ce que vous avez compris pour obtenir une précision : « Je pense comprendre pourquoi tu n'aimes pas ton travail, mais ce que je n'ai pas encore saisi, c'est la raison pour laquelle tu n'en changes pas maintenant. »

Important

Il faut surtout apprendre à écouter sans juger ou sans faire de lecture de pensée (c'est-à-dire sans faire d'interprétation ; rappelez-vous que vous n'avez pas le même modèle du monde…) car vous risquez de casser le rapport et de rompre la confiance.

Astuce

Il arrive parfois que vous soyez dérangé en plein milieu d'une conversation (votre téléphone sonne, une autre personne vient vous poser une question…). Idéalement, et pour montrer à l'autre combien vous êtes à son écoute, vous devez empêcher d'être ainsi dérangé.

Vous pouvez, par exemple, couper votre téléphone (ou le mettre en mode « boîte vocale » qui enregistrera un éventuel message) en précisant : « Maintenant je suis vraiment à ton écoute. » Vous pouvez aussi demander à la personne qui vient vous poser une question de revenir plus tard car vous êtes en communication.

Dans les deux cas, imaginez le fort impact sur votre interlocuteur qui se dit : « Je suis important à ses yeux et il fait vraiment tout son possible pour être totalement à mon écoute ».

Si cela n'est absolument pas possible, vous devez, dès le début de l'entretien, expliquer à votre interlocuteur qu'il est possible ou probable que vous allez être dérangé. Et lorsque cela arrive, vous devez demander à votre interlocuteur « l'autorisation » d'interrompre momentanément la conversation, puis vous devez reprendre le fil de cette discussion à l'endroit où vous l'avez laissé non pas en disant : « On en était où déjà ? », mais plutôt en reformulant la fin de la conversation : « Voilà, désolé pour cette interruption. Tu me parlais de ton envie de reprendre tes études et, plus précisément, tu m'expliquais les enjeux de suivre cette formation… Continue s'il te plaît, je t'écoute. »

Important

Difficile de parler de communication et surtout d'écoute sans parler de certaines pollutions mentales comme les préjugés ou les clichés. Rappelez-vous que votre vision du monde n'est pas le monde. Et bien de la même manière, votre vision de l'autre n'est pas l'autre.

Vous pouvez, certes, en avoir une première représentation[20], une première image, notamment grâce à votre sensibilité, votre sixième sens et votre expérience. Mais, attention à vos pollutions mentales qui influencent inconsciemment votre attitude et votre comportement et qui, en conséquence, aident ou limitent la relation. Méfiez-vous de la pause d'étiquette trop rapide (il est habillé comme cela, c'est donc quelqu'un comme ceci... il parle comme cela, c'est donc quelqu'un de tel milieu social...) et soyez très attentif à votre qualité d'écoute qui sera parasitée par ces pollutions.

Aussi, pensez à accompagner et à relancer pour favoriser la relation et obtenir des informations sur le modèle du monde de l'autre, sans juger ni interpréter pour éviter d'imposer votre propre modèle du monde.

Je me souviens avoir effectué, il y a presque vingt ans (mais cette expérience est toujours très présente en moi...), un test lors d'une formation en communication (formation de formateur).

Notre groupe d'apprentis en communication avait entre les mains une liste de quatre métiers et une série de quatre photos. Le but du jeu était « simple », il fallait mettre un métier sur un visage. Bien entendu, toutes les personnes du groupe se sont trompées. Nous avons, par exemple, tous mis sur le visage patibulaire du type mal rasé et mal coiffé un métier malhonnête (gangster). Et sur le visage souriant de la personne à la bonhomie évidente un métier honnête (juge).

Bien entendu, nous avions tort. La première photo était celle d'un juge d'instruction qui sortait tout juste d'une longue période de kidnapping dans des conditions sordides et la deuxième photo était, en fait, celle du gangster...

## Technique n° 5 : La reformulation



***Qu'est-ce que la reformulation ?***

Comme il semble difficile d'enregistrer plus de cinq à sept informations sur une courte durée, la reformulation est un outil très profitable, qui permet de réorganiser la pensée et favorise ainsi l'enregistrement d'informations tout en renforçant le rapport.

***Comment faire pour reformuler ?***

Pour ce faire, pendant la discussion, proposez régulièrement à votre interlocuteur une courte et rapide synthèse de ce qu'il vient d'exprimer, sans juger ni interpréter quoi que ce soit (pour éviter de casser le rapport...). Vous allez donc reprendre à l'IDENTIQUE les idées essentielles et surtout les mots qui les soutiennent de la manière suivante.

Utilisez tout d'abord une formule d'introduction (comme par exemple : « Si j'ai bien compris... ») qui permet à votre interlocuteur de comprendre que vous parlez sous son contrôle : « Si j'ai bien compris ce que tu m'as dit... » Puis rajoutez la reformulation en utilisant les mêmes mots que votre interlocuteur : « Si j'ai bien compris ce que tu m'as dit, tu veux reprendre les études pour trouver un nouveau travail. N'est-ce pas ? »

Ce à quoi votre interlocuteur va répondre : « Oui, tu as bien compris. C'est bien ce que j'ai voulu dire ».

Alors que si votre reformulation est moins bonne vous recevrez une réponse comme : « Non tu n'as pas compris... » ou « Non ce n'est pas ce que j'ai dit... » Cela n'est pas dramatique, car c'est une nouvelle occasion de mieux comprendre ce qui a été exprimé grâce à une nouvelle explication. Cependant, si ce type de réponse se répète trop souvent, cela risque de donner à l'autre l'impression qu'il n'est ni écouté ni compris.

**Astuce**

La reformulation est aussi très efficace pour permettre de relancer. Pour ce faire, reprenez la dernière phrase dite par votre interlocuteur : « Je pense reprendre mes études. » d'une manière interrogative pour l'inciter à développer ce qu'il est en train d'exprimer et ainsi recueillir d'autres informations tout en renforçant le rapport : « Tu penses reprendre tes études ? »

## Technique n° 6 : L'observation et la calibration

**Savoir**

***Qu'est-ce que l'observation ?***

Le but du jeu est ici d'examiner discrètement mais pleinement votre interlocuteur pour percevoir, remarquer et constater les différents changements (comportement, posture, attitude, mimique, changement du volume de la voix…) qui sont des indices précieux sur la qualité de la relation et qui permettent de choisir la stratégie la mieux adaptée : synchronisation, écoute active, reformulation…

**Important**

Attention ! Vous devez faire cela sans interpréter ni juger.

***Comment faire pour observer?***

Pour ce faire, vous devez utiliser vos sens et principalement :

- Le visuel : tout ce que vous pouvez voir, comme la posture de votre interlocuteur, ses gestes, ses mimiques, les mouvements de sa respiration (lente ou rapide, saccadée et nerveuse ou harmonieuse et calme).
- L'auditif : tout ce que vous pouvez entendre et notamment la voix (rythme harmonieux ou discontinu, débit lent ou rapide, volume fort ou bas, ton calme ou agressif...), la respiration (forte ou faible, soupir), mais aussi les mots (type de vocabulaire : plutôt visuel, plutôt auditif...), le langage (élaboré et technique, simple ou argotique).
- Le kinesthésique : tout ce que vous pouvez ressentir (chaleur ou fraîcheur, lourdeur ou légèreté...), toucher (forme, température, texture...).
- L'olfactif : tout ce que vous pouvez sentir (odeur de parfum ou de transpiration...).

**Note :** Le toucher est peut-être le sens le moins développé, car il n'a pas vraiment sa place dans notre culture. Nous touchons généralement peu et uniquement des personnes intimes... et encore ! Pourtant il nous donne un grand nombre d'informations si nous y prêtons un peu plus souvent attention.

En aïkido par exemple, où la souplesse est importante, le toucher permet de ressentir si notre partenaire est détendu ou contracté alors que cela n'est pas toujours visible à l'œil nu et qu'il nous dit être détendu.

Astuce

Sachez que plus vous allez pratiquer l'observation et plus celle-ci sera fine et précise (couleur de la peau, forme de la pupille, déglutition, palpitation cardiaque au niveau du cou...).

Mais pour commencer, il est préférable de choisir le sens qui est, chez vous, le plus développé. Ainsi si vous êtes plutôt « visuel », pensez à observer votre interlocuteur avec vos yeux. Puis, lorsque vous maîtriserez l'observation visuelle, observez-le avec vos oreilles... ou ressentez-le.

Vous verrez combien nous sommes capables d'entendre et de ressentir des choses sans utiliser nos yeux. J'ai un ami non-voyant qui y arrive très très bien.

***Qu'est-ce que la calibration ?***

La calibration vous aide à donner un sens aux fruits de votre observation.

En effet, généralement ces indices indiquent un état interne précis. Par exemple, le rouge aux joues et la bouche sèche indiquent, chez une personne précise à un moment précis, un trouble intérieur précis (qui donc peut se voir et s'entendre de l'extérieur). Du coup, lorsque ces indicateurs sont présents, vous savez que cette personne expérimente presque à coup sûr le même état interne.

Important

Attention ! Retenez que ceci est différent d'une personne à une autre et ne faites surtout pas de généralités. Ainsi, une rougeur aux joues peut être le signe extérieur d'un trouble intérieur, mais peut aussi être le fait d'un coup de chaleur dû à une température trop élevée ou encore d'une allergie à une crème pour le visage…

Ce n'est pas parce que quelqu'un pleure qu'il est obligatoirement malheureux puisque l'on peut aussi pleurer de joie.

## Technique n° 7 : Le mouvement des yeux

Observer les mouvements des yeux de votre interlocuteur vous donne accès à de très précieuses informations. En effet, les créateurs de la PNL ont montré qu'il existe un lien entre le mouvement des yeux et le canal sensoriel activé (auditif, kinesthésique ou visuel).

Aussi, entraînez-vous, lors d'une prochaine conversation, à repérer le mouvement du regard de votre partenaire placé face à vous et donnez-lui la signification suivante :

✓ *Canal auditif*

Ses yeux regardent vers le *côté gauche au milieu* = *auditif construit* : il crée un son imaginaire ;
Ses yeux regardent vers le *côté droit au milieu* = *auditif souvenir* : il entend un son déjà réellement entendu ;
Ses yeux regardent vers le *bas à droite* = *dialogue interne* : il se parle à lui-même.

✓ *Canal kinesthésique*

Ses yeux regardent vers le *bas à gauche = sensation*: il a une impression, une émotion, un sentiment.

✓ *Canal visuel*

Ses yeux regardent vers le *haut à gauche = image visuelle construite*: il construit une image imaginaire; Ses yeux regardent vers le *haut à droite = image visuelle souvenir*: il voit une image déjà vue; Ses yeux sont dirigés *droit devant et le regard est dans le vague = généralement visuel souvenir ou visuel construit.*

Ainsi, grâce à ces informations, vous avez la possibilité de mieux vous synchroniser avec votre partenaire et de rendre la communication plus efficace en utilisant le même canal sensoriel car c'est celui qu'il comprend le mieux. Cela est très utile dans tous les cas et particulièrement dans le cadre d'un apprentissage.

*Vocabulaire visuel:* « Je vois ce que tu veux me dire et maintenant que j'ai une vision plus précise de ton problème j'aperçois un début de solution. »

*Vocabulaire auditif:* « J'entends bien ce que tu me dis, mais cela ne fait pas résonance dans mon modèle du monde. »

*Vocabulaire kinesthésique:* « Je ressens ton malaise et cela me touche profondément. »

Important

Bien entendu, afin d'éviter toute généralisation, vérifiez dans un premier temps que votre interlocuteur n'est pas l'exception qui viendra confirmer la règle…

# Technique nº 8 : L'espace de communication et la flexibilité

***Qu'est-ce que l'espace de communication ?***
L'espace de communication est défini par la distance qui vous sépare de votre interlocuteur en fonction d'un ensemble de règles différentes d'un type de relation à une autre (intime, personnelle, sociale et publique) et d'un groupe d'individus à un autre (différents modèles du monde, différences culturelles et sociales…).

Nous parlons alors de frontières qui, comme celles d'un pays, déterminent les limites très précises de notre propre espace à ne franchir qu'avec une autorisation spéciale (celle de l'autre pour franchir ses frontières ou la nôtre pour laisser l'autre franchir nos frontières). Sans cette autorisation, sans ce visa, les frontières sont passées illégalement et l'espace est violé. Vous êtes en infraction et vous risquez d'être sanctionné (parfois lourdement en fonction du gouvernement du pays dont vous avez violé les règles).

Il y a donc des limites à ne pas franchir et il est de la responsabilité de chacun de faire respecter ses propres frontières (en apprenant à dire non par exemple : « Stop, tu n'es pas le bienvenu… ») et de respecter celles des autres en apprenant à être flexible (voir ci-après). Car une distance non respectée risque de mettre le rapport et la relation en danger.

***Qu'elles sont les différentes distances?***

Commençons par présenter la distance la plus réduite pour finir par la plus éloignée.

La *distance intime* (corps à corps ou quelques centimètres) est celle qui permet le contact physique direct (sans vous déplacer). Elle est propice au partage d'informations confidentielles et vous ne pouvez avoir cette distance que s'il existe une confiance mutuelle minimum.

La *distance personnelle* (environ 1 m) est celle qui permet la poignée de mains et une conversation à voix haute.

La *distance sociale* (un peu plus de un mètre jusqu'à 2,50 m environ) est celle qui ne permet pas le contact physique et une conversation personnelle.

La *distance publique proche* (jusqu'à 8 m maximum) est celle qui permet de faire passer un message à un petit groupe de personnes avec des possibilités d'échanges relationnels (groupe en formation par exemple).

Enfin, la *distance publique éloignée* (plus de 8 m) est celle qui permet de faire passer un message à un grand groupe de personnes, mais avec des possibilités d'échanges relationnels limitées (conférence par exemple).

Important

Nous l'avons vu, cet espace de communication est une limite physique (distance mesurable en centimètre), mais c'est aussi une limite psychologique (distance immatérielle). En effet, il est possible de respecter l'espace physique qui nous sépare de l'autre tout en violant son espace psychologique (par un mot désagréable ou une remarque déplacée, par un regard indiscret ou trop insistant, par un comportement violent ou agressif...).

Prenez garde de bien respecter les espaces physique et psychologique de l'autre tout en faisant respecter les vôtres...

***Qu'est-ce que la flexibilité ?***

La flexibilité est votre capacité à vous adapter à différentes circonstances.

***Comment être flexible ?***

Tout simplement en utilisant les techniques que vous connaissez déjà : l'observation et la calibration.

Ainsi, en vous approchant trop près de votre interlocuteur (frontières physiques et/ou psychologiques), celui-ci va vous envoyer des signaux indicateurs de son malaise, vous informant que votre intrusion le dérange (détournement du regard, mouvement du corps vers l'arrière ou le côté, modification de la couleur de la peau...). Il vous faut donc vous adapter en prenant une distance plus confortable pour celui que cela dérange, afin de ne plus nuire au rapport et à la relation.

# Technique nº 9 : La congruence et la conduite

Savoir

***Qu'est-ce que la congruence?***

C'est la concordance entre ce que vous vivez à l'intérieur de vous (vos pensées, vos sensations, vos émotions...) et ce que vous faites vivre à l'extérieur de vous (votre discours, votre comportement, votre attitude...). Autrement dit, vos niveaux de communication (verbal, paraverbal et non verbal) sont en totale harmonie; ce qui a pour effet de renforcer le rapport.

Dans le cas contraire, il y a non-congruence.

Important

Attention! Lorsqu'il y a non-congruence cela ne veut pas dire que votre interlocuteur cherche à vous mentir, à vous mener en bateau ou à vous cacher quelque chose, car c'est souvent un processus inconscient. Quoi qu'il en soit, celle-ci nuit au rapport.

Dans un cas comme dans l'autre, votre interlocuteur envoie des signaux inconscients qui trahissent le manque de congruence. Cela peut-être une voix qui devient moins forte ou hésitante, une main qui vient se poser devant la bouche comme pour empêcher les mots de sortir trop vite et la bonne compréhension du message, un regard qui devient fuyant, un corps qui prend une position asymétrique ou qui vous met à distance...

Bref, pendant que la bouche dit oui, le corps dit non (ou inversement...).

***Qu'est-ce que la conduite?***

La conduite permet d'accompagner votre interlocuteur vers son objectif (d'un point A vers un point B).

***Comment faire pour conduire?***

Pour ce faire, vous devez impérativement établir le rapport pour créer et développer un climat de confiance mutuelle qui favorise une collaboration efficace.

Astuce

Rappelez-vous que, pour conduire l'autre, il convient d'abord de le rejoindre là où il se trouve (dans son modèle du monde).

Rappelez-vous également que conduire n'est pas faire à la place de l'autre, car seul votre interlocuteur sait où il veut aller et ce qu'il veut faire. Vous ne devez en aucun cas y aller ou le faire à sa place. Du coup si son objectif est d'apprendre à nager, n'allez pas nager à sa place. Ce n'est pas le chauffeur de taxi qui décide du lieu où conduire son client…

## Technique n° 10 : Le méta-modèle

***Qu'est-ce que le méta-modèle?***

C'est un mode de questionnement qui vise à obtenir des informations précises. En effet, lors d'un échange relationnel les informations sont plus ou moins précises.

Un manager peut dire: « Il est plus performant. » Mais nous pouvons nous demander: « Qui est plus performant ? » « Plus performant que qui ? » « Plus performant que quoi ? »

Important

Ce manque de précision est la porte ouverte à de nombreux quiproquos, sources d'erreur, d'incompréhension et parfois de conflit, car vivre une expérience et la raconter sont deux choses différentes. En effet, les mots utilisés pour raconter (et aussi expliquer, informer, guider, diriger, manager, former, etc.), ne correspondent pas toujours à la réalité (notre vision du monde n'est pas le monde).

Il vous faut donc être attentif et questionner votre partenaire pour qu'il soit le plus descriptif possible et ainsi rendre votre communication plus efficace. Le but étant, vous l'avez compris, de ne pas laisser l'imprécision et l'ambiguïté d'un discours nuire à la relation et à la compréhension de l'information.

C'est aussi une occasion pour votre interlocuteur de prendre conscience de son message. Cela peut éventuellement l'amener à changer ses propos et, par ricochet, à modifier la croyance sur laquelle ceux-ci sont construits.

***Comment utiliser le méta-modèle ?***

Vous pouvez orienter votre questionnement selon les modèles suivants.

- La **sélection** prend la forme d'informations incomplètes ou imprécises : « Cela serait bien de faire beaucoup mieux à la prochaine réunion. » Mieux que qui ? Mieux que quoi ?

« Cela m'a vraiment perturbé ce que tu m'as dit en réunion. » Cela quoi ? Perturbé comment ? « Cela s'est bien passé dans l'atelier. » Quoi ? Qu'est-ce qui s'est bien passé ? Quand ?

- La **distorsion** prend la forme d'informations déformées et interprétées (lecture de pensée, présupposition...) : « Je sais ce que tu vas me dire à propos de la réunion... », « Tu vas trouver ma question stupide mais... » Comment le sais-tu ? Qu'est-ce qui te fais dire cela ?
  En lisant la pensée de l'autre vous avez toutes les chances de vous tromper, de rompre le rapport et de nuire à la relation.
  « Il ne m'a pas dit bonjour au briefing ce matin parce qu'il m'en veut au sujet de notre dernière commande... » En quoi le fait qu'il ne te dise pas bonjour prouve qu'il t'en veut ?
  « Ton attitude de ce matin me donne la nausée. » Qu'est-ce qui fait que cette attitude te cause une nausée ?
- La **généralisation** prend la forme d'informations généralisées : « Mon équipe fait toujours ce qu'elle veut et jamais ce que je lui dis de faire. » Est-ce réellement toujours et absolument jamais ? N'y a-t-il pas des moments où elle fait au moins un peu ce que tu dis ?
  « Je dois impérativement faire ce travail par moi-même. » Et si tu ne le pouvais pas, que se passerait-il ? Que se passerait-il si tu donnais ce travail à quelqu'un d'autre ?
  « C'est important d'être honnête. » Important pour qui ? Qui dit que c'est important ?

## Technique n° 11 : La métaphore

Savoir

***Qu'est-ce que la communication indirecte?***

Nous entrons à présent dans le domaine de la communication indirecte. Chaque technique que vous allez découvrir à présent (la métaphore, la présupposition, le truisme) se propose d'entrer en communication avec l'inconscient. L'un des maîtres de ce type de communication était le docteur Milton Erickson (père de l'hypnose moderne également appelée hypnose ericksonienne: il utilisait notamment la communication indirecte dans le cadre d'un travail hypnothérapeutique) dont les créateurs de la PNL se sont notamment inspirés pour développer leur méthode.

Important

Bien entendu, vous devez impérativement utiliser toutes les techniques de ce livre avec bienveillance et dans un état d'esprit gagnant/gagnant.

***Qu'est-ce que la métaphore?***

C'est un procédé « magique », une figure de style utilisée depuis la nuit des temps, qui permet notamment d'exprimer une idée d'une manière imagée pour en rendre le contenu plus compréhensible.

Ce mode de communication peut prendre plusieurs formes comme une expression populaire, une histoire, un conte, un dessin… Il est parfois bon d'expliquer une métaphore (dans un contexte d'apprentissage, par exemple) et il est parfois préférable de ne pas l'expliquer, de ne pas donner une interprétation de sa signification, car cela risque de lui faire perdre toute sa puissance et son efficacité (dans un contexte thérapeutique, par exemple). En effet, dans ce dernier cas, il n'y a pas de bonne ou de mauvaise interprétation puisque la métaphore résonne dans l'inconscient de chacun d'une manière différente. Chacun trouve une réponse unique, puisque nous sommes tous uniques.

Il convient donc de laisser faire la magie puisque le principe est le même. Le magicien nous invite à voir quelque chose de précis et pendant ce temps, à notre insu, il a la possibilité de faire son tour de passe-passe et de nous surprendre. Reconnaissez que, si le magicien vous explique son tour, il perd de sa magie, devient moins captivant et bien moins efficace…

***Comment faire une métaphore?***

Nous faisons tous des métaphores au quotidien notamment en utilisant un vocabulaire imagé:

- « Être assis entre deux chaises. »
- « Être malade comme un chien ou frais comme un gardon. »
- « Être excité comme une puce ou gai comme un pinson. »

Ces expressions populaires nous permettent d'exprimer d'une manière différente ce que nous voulons faire comprendre. Les proverbes ou les phrases d'auteur, les nombreuses explications imagées que vous découvrez au fur et à mesure dans ce livre sont autant de métaphores. Mais aussi une œuvre d'art, un paysage ou encore un objet, un dessin, une photo, un conte, une fable, une histoire (à dormir debout)…

Une métaphore est comme un leurre qui attire l'intérêt de notre conscient pendant qu'un message est adressé indirectement à notre inconscient. Elle permet de semer des idées, de proposer des solutions, d'enseigner, de dynamiser le changement et même de soigner… Amusez-vous à expliquer quelque chose d'une manière métaphorique. Pour cela associez le contenu de votre message avec quelque chose de connu en reprenant ce qui est identique et ce qui ne l'est pas.

Par exemple, vous souhaitez parler de l'homme que vous avez rencontré l'autre jour. Cet homme froid, lisse et sans émotion comme un iceberg. Pas de sentiment apparent même si vous sentez bien qu'il doit avoir une partie cachée, il en impose par sa froideur. Par contre, à la différence d'un iceberg, il sait où il va et ne se laisse visiblement pas diriger par les courants…

Tout cela est un peu théorique et vous verrez qu'au fur et à mesure votre inconscient (qui adore ce type de communication comme un enfant adore les bonbons), vous adressera, sans même le lui demander, les métaphores dont vous aurez besoin pour imager votre discours. De la même manière qu'il ne sert à rien de tirer sur vos cheveux pour les faire pousser plus vite, il ne sert à rien d'intellectualiser en épluchant le processus de la métaphore comme on épluche un artichaut ou même d'utiliser des forceps pour accoucher d'une belle image. Laissez plutôt faire la magie, car les métaphores sont là et attendent simplement de sortir au bon moment.

Soyez juste patient, doux et bon avec vous-même. Cela vous changera et la porte s'ouvrira…

## Technique n° 12 : La présupposition

Savoir

***Comment faire une présupposition ?***
Pour ce faire, vous devez, d'une manière appropriée, introduire une idée au cœur d'une hypothèse afin que votre interlocuteur accepte automatiquement cette idée pour que l'ensemble du propos ait un sens.

« Penses-tu atteindre ton objectif demain ou après demain ? » Vous l'avez compris, cela présuppose que l'objectif va être atteint.

« Je me demande si vous allez utiliser cette technique de présupposition maintenant ou tout à l'heure. » Cela présuppose effectivement que vous allez utiliser la technique.

Alors à vos marques, pré-supposez !

Important

Bien entendu, vous savez que toutes ces techniques sont à utiliser avec bienveillance et dans un état d'esprit gagnant/gagnant.

# Technique n° 13 : Le truisme

Savoir

***Qu'est-ce qu'un truisme ?***
Un truisme est une évidence, une lapalissade. Utiliser les truismes en communication a pour but de conduire votre interlocuteur vers une dynamique positive favorisant son adhésion.

***Comment utiliser les truismes ?***
Pour ce faire, vous devez proposer à votre interlocuteur une série de questions banales rapidement posées (mais sans brusquer) ayant à coup sûr pour réponse un « oui » franc et réel. Cette cascade de réponses affirmatives va programmer inconsciemment votre interlocuteur à répondre « oui » de manière quasi automatique à la question dont il est important d'obtenir un « oui ».

Prenons en exemple cette expérience vécue personnellement. Deux personnes, un médecin spécialiste en PNL et un malade, se rencontrent pour la première fois. Le malade, qui vient de la part de Monsieur JC, doute très sérieusement qu'un jour il résoudra son problème puisqu'il le traîne depuis bientôt 20 ans, d'un cabinet médical à l'autre :

– Votre nom est bien Monsieur Laurent Bertrel ?

– Oui.

– C'est la première fois que nous nous rencontrons ?

– Oui.

– Vous venez de la part de Monsieur JC n'est-ce pas ?

– Oui.

– Et vous pensez que vous pouvez guérir votre asthme ?

– Oui.

Laurent avait au départ un doute sérieux et celui-ci est déjà un peu ramolli. À l'image d'un boxeur bien costaud qui prend un coup et baisse la garde, certaines résistances ont déjà un peu baissé les bras. Cela ne veut pas dire évidemment que l'asthme a disparu mais, inconsciemment, une croyance s'est modifiée et, par ce fait, la porte qui peut mener à une solution s'est entrouverte.

Et, puisque la porte est déjà ouverte d'un petit centimètre, il doit bien être possible de l'ouvrir d'un autre petit centimètre… Et de petit centimètre en petit centimètre… la porte sera grande ouverte.

Important

Bien entendu, vous savez que toutes ces techniques sont à utiliser avec bienveillance et dans un état d'esprit gagnant/gagnant.

## Technique n° 14 : Le recadrage de sens

Savoir

***Qu'est-ce que le recadrage de sens ?***

C'est proposer un autre regard pour ouvrir le champ des possibles et ainsi favoriser la modification d'une croyance limitante.

Important

De la même manière qu'en communication nous ne cherchons pas à convaincre (con-vaincu), mais à ouvrir les portes de la relation, faire un recadrage n'est pas un combat (je gagne, tu perds) mais une collaboration (nous gagnons tous les deux). Ce n'est donc surtout pas un affrontement ou une opposition (dualité / compétition) mais une association (unité / union) dans le but d'atteindre un objectif commun.

***Comment faire un recadrage de sens?***

Pour ce faire, vous devez impérativement mettre en place le rapport, soigner particulièrement votre synchronisation et, si nécessaire, reformuler les idées de votre interlocuteur (sans juger ni interpréter).

Puis, comme pour le feed-back, vous devez opter pour une transition qui unit (comme par exemple: « Et en même temps… ») et non qui oppose (comme par exemple: « Mais par contre… »).

Alors seulement viendra le temps de proposer votre recadrage de sens.

En conclusion, la formule magique est donc:

**Rapport, Synchronisation, Reformulation**

+

**Transition** *(« Et en même temps… »)*

+

**Recadrage** *(nouveau regard)*

✓ *Exemple 1*

L'interlocuteur: C'est plus fort que moi et je ne peux pas m'arrêter de fumer.

Le recadreur : Tu dis que c'est difficile d'arrêter de fumer, car c'est plus fort que toi et, en même temps, il faut beaucoup de force pour reconnaître ouvertement sa faiblesse.

✓ *Exemple 2*

L'interlocuteur : C'est très ennuyeux, car je n'arrive vraiment pas à me décider à quel moment commencer.
Le recadreur : Oui, cela ne doit pas être facile et, dans le même temps, c'est peut-être plus facile à vivre que de ne pas avoir du tout le choix.

✓ *Exemple 3*

L'interlocuteur : Il n'arrivera jamais à mieux communiquer.
Le recadreur : Cela est effectivement possible et, en même temps, le simple fait d'essayer lui donne sans doute déjà l'impression d'arriver à quelque chose.

✓ *Exemple 4*

L'interlocuteur : Ce que tu me dis me dérange.
Le recadreur : C'est dérangeant en effet et c'est aussi une possibilité d'arranger la situation.

✓ *Exemple 5*

Vous pouvez également associer le recadrage de sens avec une autre technique comme la métaphore.
L'interlocuteur : J'ai peur d'utiliser les techniques de ce livre, car je ne veux pas manipuler les autres.
Le recadreur : C'est tout à ton honneur et, en même temps, bien communiquer n'est rien de plus que de s'unir à l'autre honnêtement et d'éprouver la joie

de lui offrir un cadeau bien présenté pour obtenir son sourire. N'est-ce pas mieux que de lui jeter son cadeau à la figure ?

✓ *Exemple 6*

Enfin, il est aussi possible d'utiliser l'humour, le « 3e degré » et la provocation, dans le but de sortir votre interlocuteur de son état interne limitant (avec un très bon rapport et du respect, bien entendu).

L'interlocuteur : Je suis vraiment nul et bon à rien.

Le recadreur : Oui c'est exactement ce que je me disais et, en même temps, je me demandais à quel point ?

À vous de jouer à présent…

## Technique n° 15 : Le générateur de comportement

Savoir

***Qu'est-ce que le générateur de comportement ?***

Cette technique (qui vous fait entrevoir les autres possibilités de la PNL : préparation mentale, coaching…) permet d'apprendre à modéliser un comportement visible dans le but de favoriser l'apprentissage d'un savoir-faire concret en parti acquis (donc à améliorer) ou totalement nouveau.

Le générateur de comportement est souvent utilisé pour l'apprentissage d'un geste technique, d'un « coup de main », dans le domaine du sport, de l'art…

Mais il est tout à fait possible de l'adapter dans le domaine technique de la communication.

Important

Plus vous serez précis concernant ce comportement, plus cette technique sera efficace.

Si votre souhait est de mieux communiquer, choisissez un ou plusieurs comportements précis. Vous pouvez en obtenir la liste en vous posant la question suivante : « De quel(s) comportement(s) ai-je besoin pour mieux communiquer » ?

Si vous devez générer plusieurs comportements, commencez par celui qui vous semble être le plus important, puis passez si nécessaire à un autre comportement et ainsi de suite. Attention, le comportement doit être observable à l'œil nu, car si vous souhaitez générer un état interne, utilisez la technique de l'ancrage de ressources (voir le livre *Coachez votre stress,* Éditions Dangles, 2005, p. 135). Par exemple, s'il s'agit d'un comportement calme ou dynamique, vous devez identifier le gestuel, les mimiques, etc. qui correspondent et que vous allez modéliser.

Vous êtes prêt ? Allons-y...

***Comment générer un nouveau comportement ?***

*1. Installez-vous*

Installez-vous confortablement et fermez les yeux avant de prendre conscience de votre respiration.

*2. Choisissez votre futur comportement (nouveau ou à développer)*

Puis envisagez la situation dans laquelle vous voulez l'utiliser.

*3. Déterminez si ce comportement est écologique*

Y a-t-il un inconvénient?
Vous souvenez-vous de cette question portant sur l'écologie? Eh bien elle est également très importante pour cette technique et pour les mêmes raisons. Aussi, demandez-vous principalement ceci: « Y a-t-il un inconvénient pour moi ou pour les autres à générer ce comportement[21]? » S'il n'y en a pas, vous pouvez également vous demander: « Et s'il y avait un inconvénient (pour moi ou pour les autres), ce serait quoi? » S'il y a un inconvénient majeur, vous devez, avant d'aller plus loin, vous demander si vous souhaitez changer ou modifier ce comportement.

*4. Identifiez votre idéal*

Donnez vie à votre idéal en évoquant avec exactitude les spécificités de ce comportement. Par exemple: « J'ai le dos droit. Mes épaules sont relâchées et légèrement en arrière comme pour m'ouvrir à mon interlocuteur. J'ai le sourire, car je suis content d'être avec lui. Je suis face à lui, je le regarde dans les yeux et hoche la tête de temps en temps pour lui montrer que je suis attentif… » Si cela est nécessaire, pour donner encore un peu plus de force à votre idéal, il peut être intéressant de prendre pour modèle un expert. Un personnage réel ou imaginaire que vous admirez particulièrement pour ce comportement et à qui vous voulez au moins en partie ressembler.

*5. Imaginez votre objectif*

Spectateur de la scène, visualisez-vous (ou visualisez votre modèle[22]) en pleine action, conformément à votre désir. Vous devez voir ce qu'il y a à voir et entendre ce qu'il y a à entendre… Par exemple:

- Regardez ce geste qui donne une facilité à communiquer.
- Écoutez ce timbre de voix qui donne de la force au message…

Vous pouvez faire à votre guise toutes les modifications nécessaires pour rendre le résultat le plus parfait possible.

*6. Vivez votre objectif*

De spectateur, vous devenez acteur et vous vivez à présent cette expérience avec, en plus, vos sensations, votre ressenti. Vous devez voir ce qu'il y a à voir, entendre ce qu'il y a à entendre et ressentir ce qu'il y a à ressentir… Par exemple:

- Regardez ce geste qui donne une facilité à communiquer.
- Écoutez ce timbre de voix qui donne de la force au message.
- Ressentez les sensations d'être cette personne qui se comporte comme vous le voulez.

Si cela vous convient, passez à l'étape suivante. Dans le cas contraire, vous devez vous interroger pour savoir si le comportement est le bon et reprendre le processus du début.

Et si le comportement est le bon, il est encore temps d'apporter des modifications pour lui permettre d'être encore plus fidèle à votre désir. Pour cela, procédez aux ajustements nécessaires en reprenant le processus à l'étape 4.

*7. Déclenchez*

Pour activer le processus vous devez vous servir d'un déclencheur qui est obligatoirement présent au moment d'utiliser ce comportement. Aussi, demandez-vous : « Qu'est-ce qu'il y a là, présent et disponible, pour me servir de déclencheur ? » Par exemple, serrer la main de votre interlocuteur.
Vérifiez en reprenant l'étape précédente que le déclencheur permet bien d'avoir accès automatiquement au comportement souhaité. Dans le cas contraire, recommencez cette étape et changez peut-être de déclencheur.

*8. « Futurisez » votre objectif*

Maintenant, projetez-vous dans un futur proche (lors d'une animation de réunion, par exemple) et après avoir activé votre déclencheur, vivez la situation et votre réussite.

Vous pouvez refaire cette « futurisation » plusieurs fois de suite pour lui donner encore plus de puissance et de force.

BRAVO !

C'est fait…
Vous avez généré un nouveau comportement.

# Le mot de la fin

Voilà… Vous avez à présent entre les mains les outils essentiels et nécessaires pour bien communiquer.

N'oubliez pas que bien communiquer, c'est offrir un cadeau en prenant autant soin du contenu, que de l'emballage, de la manière de l'offrir et de l'effet qu'il procure.

Et, pour que la joie d'offrir soit totale, n'attendez rien en retour. Donnez sans chercher à recevoir.

Je suis certain qu'ainsi vous obtiendrez énormément plus de satisfaction que vous ne pouvez l'imaginer aujourd'hui…

# Notes

1. Il s'agit là d'un travail instinctif. Aussi, il faut agir en laissant faire votre inconscient, c'est-à-dire laisser parler votre intuition sans chercher à intellectualiser. Pour cela, nous vous invitons à ne pas dépasser trois minutes (comme « gardien du temps », n'hésitez pas à utiliser un sablier à intervalle de temps de trois minutes si vous jugez cela nécessaire).
2. Voir feed-back p. 48.
3. Voir note n° 1.
4. Si cela n'est pas possible, il faut impérativement et dès maintenant planifier dans votre agenda une date, car le temps que vous ne trouvez pas sur le papier, vous le trouverez encore moins dans la réalité…
5. Votre modèle du monde est le fruit de vos expériences et il constitue votre représentation de la réalité. La construction de votre réalité s'effectue par l'intermédiaire de filtres (personnel, neurologique et culturel) qui s'intercalent entre votre expérience de la réalité et la réalité. Un peu comme si vous portiez une paire de lunettes de couleurs et de formes uniques (fabriquée par vos expériences) qui vous imposent de voir le monde (la réalité) d'une manière unique.
6. Source inconnue.
7. Savez-vous comment faire pour ne pas avoir à gérer un conflit ? Tout simplement en évitant d'entrer en conflit et, par exemple, en apprenant à bien communiquer. En effet, il est préférable d'additionner les choix plutôt que de soustraire les problèmes.
8. Vous souvenez-vous du *Petit Prince* d'Antoine de Saint-Exupéry. Vous savez, ce petit garçon futur aviateur qui montre ses dessins aux grandes personnes, tellement adultes, qu'elles ne se donnent même plus la peine d'aller à la rencontre d'un autre modèle du monde et suggèrent à l'enfant de ne plus faire l'enfant (ce qu'il est pourtant), de ne plus dessiner (car c'est pour les enfants), de devenir grand et d'apprendre la géographie…
9. C'est par exemple le chef d'entreprise qui donne la direction de travail à ses collaborateurs ou le père de famille qui prend connaissance du bulletin scolaire de son enfant et hausse le ton aussi fort que les notes sont basses.
10. C'est par exemple l'application du règlement intérieur d'une entreprise ou du code du travail.

11. De toute manière, vous ne pouvez pas ne pas être stressé ; voir du même auteur : *Coachez votre stress*, Éditions Dangles, 2005.
12. Plus cette liste sera émotionnellement forte, plus forte sera votre motivation. À ce propos, certains auteurs parlent même d'é-motivation en précisant que pour activer la motivation il faut activer les sens et leurs émotions.
13. L'objectif de départ était de devenir écrivain, sous-entendu de vivre de son écriture dès maintenant. Mais cela ne dépend pas uniquement de lui, car il faut d'abord logiquement écrire le livre, puis normalement trouver un éditeur, puis bien évidemment plaire aux lecteurs avant d'espérer empocher les éventuels droits d'auteur (bref, entre la première ligne écrite et les premiers euros empochés, il peut facilement s'écouler plusieurs années). Par contre, écrire son premier livre ne dépend que de lui.
14. Technique présentée dans le livre *Coachez votre stress*, Éditions Dangles, 2005.
15. Jacques de Panafieu (spécialiste et pionnier du développement personnel en France : Rebirth…).
16. Psy : psychiatre, psychologue, psychanalyste ou psychothérapeute (voir définitions dans le *Dictionnaire des thérapies…*, Éditions Dangles, 2005).
17. Veillez toujours à ce que votre suggestion concerne un fait améliorable.
18. Voir philosophie p. 13 et notamment l'état d'esprit gagnant/gagnant…
19. Voir technique suivante pour renforcer considérablement l'impact de votre feed-back.
20. Certains disent que la première rencontre est déterminante, car on n'a jamais une deuxième chance de faire une première bonne impression… Mais gardons en tête que la première impression n'est pas toujours la bonne…
21. Comme vous le savez maintenant, vous pouvez également vérifier l'écologie de votre demande en vous posant la question sous l'angle suivant : « Y a-t-il pour moi un avantage à ne pas l'atteindre ? »
22. Dans le cas où c'est votre modèle qui est en action, attendez d'être totalement satisfait du comportement observé pour, progressivement, remplacer son visage, son corps et sa voix par votre visage, votre corps et votre voix (le visage de votre modèle se transforme et le vôtre prend la place… son corps se transforme et le vôtre apparaît… sa voix se transforme pour devenir la vôtre…). Vous devenez ainsi progressivement le comportement.

CPI
BLACK PRINT

Achevé d'imprimer par CPI (Barcelone)
en octobre 2019

**Imprimé en Espagne**

**Dépôt légal : Janvier 2018**

Ce livre est imprimé par CPI qui assure une stricte application des règles concernant le recyclage et le traitement des déchets, ainsi que la réduction des besoins énergétiques.